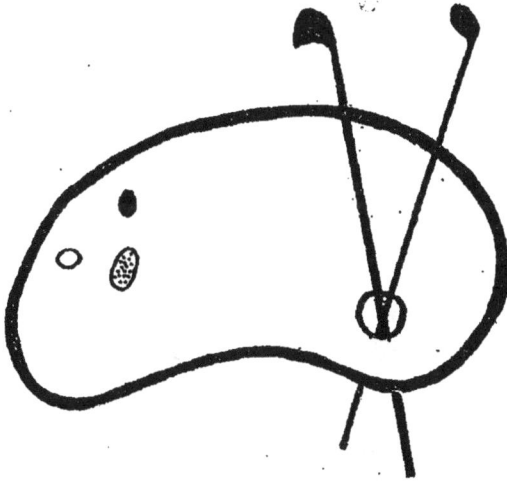

DEBUT D'UNE SERIE DE DOCUMENTS
EN COULEUR

Abbé E. CARRY

FAMILLE
et
DIVORCE

BLOUD & Cie

S. & R. 483

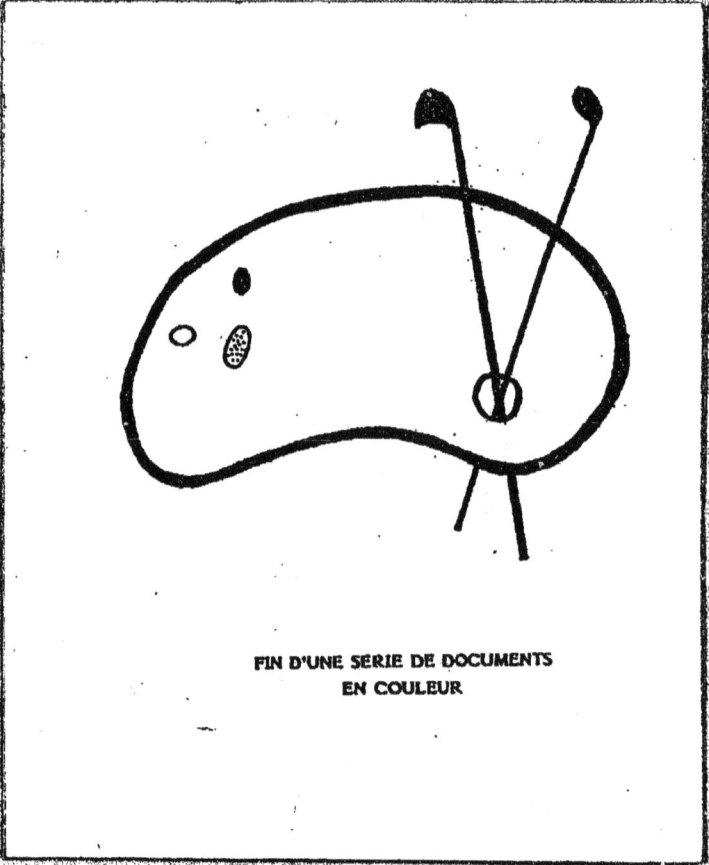

FIN D'UNE SERIE DE DOCUMENTS
EN COULEUR

FAMILLE ET DIVORCE

Librairie catholique. — Veuve A. GARIN

20, Corraterie, GENÈVE

PUBLICATIONS DU MÊME AUTEUR

QUESTIONS DE SOCIOLOGIE

Famille

et

Divorce

PAR

l'Abbé E. CARRY

PARIS
LIBRAIRIE BLOUD & Cⁱᵉ

4, RUE MADAME, 4

1908

MÊME COLLECTION

A M. Paul BUREAU, professeur à l'Institut catholique de Paris.

———

CHER MONSIEUR ET AMI,

Vous souvient-il de ces délicieuses journées de juillet 1906 où nous visitâmes ensemble et en si aimable compagnie quelques-uns des plūs beaux sites de l'Oberland bernois ? C'est en gravissant le sentier sauvage qui va de Kandersteg au lac d'Oeschinen que vous eûtes la bonté de m'ouvrir le riche trésor d'observations et de déductions que vous avez amassé sur le grave sujet de la famille et du divorce. Le dernier ouvrage que vous venez de publier, *La Crise morale des temps nouveaux*, apprend au grand public ce que savaient déjà vos amis, à quel point, par la méthode de la *Science sociale*, vous avez su renouveler des questions si rebattues et en même temps si brûlantes et si grosses de conséquences. Si notre illustre et vénéré maître, l'abbé Henri de Tourville, était encore de ce monde, comme il se réjouirait de voir le splendide emploi que vous faites de l'outil de précision, — outil qui permet une analyse si complète des faits sociaux et qui conduit à une synthèse si sûre — que ses leçons et ses travaux nous ont mis entre les mains : c'est à vous et à lui que revient tout le mérite des pages qu'on va lire. Je ne me consolerais point d'avoir si mal rendu l'idéal que vous m'avez aidé à admirer, si je ne savais que vous-même, cher Monsieur, et nos amis de la *Science sociale*, vous avez donné et donnerez à ce même sujet toute son ampleur, toute sa vigueur et sa magnificence.

En étudiant les phénomènes morbides de notre état social comme en observant les grandes institutions fondamentales de la race humaine, nous arrivons à la même conclusion, c'est que tout se tient dans l'œuvre divine : s'il est vrai que l'évolution des sociétés humaines nous invite à donner sans cesse aux préceptes moraux des applications et des formes d'expansion toujours nouvelles, il est vrai aussi qu'on ne touche jamais impunément aux lois morales essentielles que nous a léguées le passé et que le christianisme a consacrées pour toujours : la proscription du divorce se range parmi ces dernières. La famille nous fait toucher du doigt tout ce que son cadre austère procure aux individus et aux peuples de vie saine, féconde, joyeuse, ennoblissante. C'est donc en revenant à la famille bien comprise que notre société retrouvera l'équilibre stable qui lui manque présentement.

La famille ne saurait se passer du frein moral et de l'idéal religieux : voilà ce que nous devons rappeler à ceux que vous appelez si bien les enfants de l'esprit nouveau et qui, nous leur

devons cette justice, ont donné une si vigoureuse impulsion à l'avancement matériel de
l'humanité. Mais, parce qu'ils croient que
l'homme peut se suffire à lui-même, leur œuvre
menace ruine : « Si le Seigneur ne bâtit la
maison, ceux qui la bâtissent travaillent
en vain ; si le Seigneur ne garde la ville, celui
qui la garde veille en vain. » (*Ps. 126.*)

D'autre part, nous autres, les fils sincères de
l'Eglise, n'oublions point que le progrès est la
loi constante de l'humanité et que la famille demeurera prospère, vigoureuse, féconde, dans la
mesure où nous saurons nous adapter aux
conditions de temps et de milieu, où nos es-
prits s'ouvriront aux transformations inévitables, où nos volontés seront prêtes à conquérir
tout ce que la vie bien comprise nous prépare de
joyeuse grandeur et de noble épanouissement.

J'ai essayé de faire entendre sur un sujet spé-
cial quelque écho lointain de votre puissante et
loyale argumentation. Soyez donc assez bon
pour agréer l'hommage de ce modeste travail et
pour croire toujours à ma plus sincère et res-
pectueuse reconnaissance.

E. C.

Genève, 24 juin 1907.

FAMILLE ET DIVORCE

Famille.

On se propose, dans les pages qui vont suivre, d'étudier le grave problème du divorce à la seule lumière de la science sociale. Nous ne supposons point que cette question soit tranchée à l'avance par des préceptes de l'ordre religieux. Les manuels de théologie et de savants travaux apologétiques sont là pour exposer aux croyants les enseignements de l'Evangile et les raisons sur lesquelles se fonde la tradition séculaire de l'Eglise. Désirant m'adresser aux adversaires aussi bien qu'aux amis je m'en tiens à une simple étude où n'interviendront que des faits de l'ordre naturel. Et selon la méthode chère aux adeptes de la *Science sociale*, nous examinerons d'abord le rôle capital de la famille dans l'évolution des races humaines. Comment, en effet, traiter de la maladie d'un organe, si l'on n'a bien compris l'importance et aussi le fonctionnement de cet organe à l'état sain ?

D'autre part, il doit être bien entendu qu'en étudiant cet organisme social qui s'appelle la famille, nous ne nous croirons point obligés de faire une place à toutes les suggestions de l'imagination et de la fantaisie. La méthode stricte qui est de rigueur dans les sciences naturelles est trop souvent abandonnée dans les études sociales. Certains écrivains commencent par poser des principes abstraits conçus à l'avance et dans lesquels ils entendent couler à nouveau toutes les institutions du

passé. Le plus souvent, on imagine certains cas exceptionnels, — c'est la méthode qu'affectionnent les romanciers et les auteurs dramatiques, — on suppose un
homme ou une femme aux prises avec une situation
tout à fait extraordinaire, on montre comment une
âme très généreuse peut être victime de souffrances imméritées, on s'efforce d'accumuler contre une loi austère toute sorte d'arguments empruntés au cœur et à la
passion, et l'auteur conclut, et fait conclure à ceux qui
le lisent ou qui l'entendent, que cette loi sociale n'a aucune raison d'être et qu'on doit l'abroger au plus tôt.

La fantaisie toute pure, le caprice individuel, le sentiment sincère mais aveugle, se substituent à la vue
claire, à l'examen méthodique des choses. Et on ne
semble pas se douter qu'avec de pareils procédés on
pourrait aussi bien démontrer l'intolérabilité et la
monstruosité de *tous les autres* devoirs que la vie sociale nous impose : *il n'en est pas un seul qui resterait
debout.*

Comment nier pourtant que la société soit bien une
réalité vivante dont chacun de nous fait partie ? Bien
des forces diverses s'y rencontrent et s'y mêlent,
forces économiques, forces morales, forces psycholo-
giques et biologiques. Négliger un seul de ces éléments
c'est compromettre tous les autres. Il ne s'agit donc
point d'imaginer la société, de la reconstruire comme
un palais de féerie, selon le joli mot de M. Clémenceau,
mais, au contraire, d'essayer de connaître scientifique-
ment et méthodiquement ce qu'elle est. Ce sera de la
Science sociale : ni le mot ni la chose ne sont pour
effrayer.

*
* *

La famille ! évidemment, nous ne savons plus bien
la place qu'elle occupe et les services qu'elle rend. C'est
pourquoi nous sommes en train de la laisser démolir

et parfois d'aider nous-mêmes à la démolir. Nous sommes de grands, d'imprudents prodigues qui gaspillons les trésors que nous ont laissés les générations précédentes. Voyez plutôt : la famille rencontre aujourd'hui deux sortes d'adversaires. D'abord, les individualistes à outrance, les romanciers et les dramaturges, toute l'école d'Ibsen et de Tolstoï, ces deux génies, j'allais dire ces deux idoles de la génération nouvelle, qui enchantent toute la jeunesse instruite, qui passionnent les femmes et qui, sous le couvert d'un idéal plus pur et plus sublime, prêchent, il faut bien le dire, l'anarchisme moral. Certes, il ne s'agit point de nier ce qu'il y a d'éloquent et parfois de noble et de vrai dans l'œuvre d'Ibsen ; mais, avec l'outrance qui la distingue, il enseigne la révolte contre toutes les lois de la famille et de la société ; ce qu'il appelle la sincérité absolue, c'est le droit d'obéir à nos sentiments du moment. L'individu ne peut être lié par aucun contrat, par aucun engagement, s'il juge que son développement personnel exige une satisfaction qui y soit opposée. Cela revient à dire que nous sommes l'unique cause de la loi morale. Tolstoï, lui aussi, nous a communiqué les rêveries douloureuses et incohérentes de son âme slave.

Il s'est ainsi formé toute une école qui, au nom d'un individualisme effréné, n'admet plus les contraintes austères de la famille : personne, nous dit-on, n'a le droit d'aliéner sa propre liberté. George Sand, aux alentours de 1840, nous chantait déjà ces refrains de révolte dans *Indiana* et dans *Lélia*. Aujourd'hui, ce sont les frères Margueritte qui exécutent sur le même thème des variations peut-être moins éloquentes.

La famille rencontre une autre catégorie d'adversaires chez ceux qui rêvent d'établir une société nouvelle sur l'omnipotence de l'Etat. Les individus ne seront plus rien : toutes les inégalités sociales seront nivelées. L'Etat sera le producteur universel et répartira les charges et les bénéfices. La famille, qui est un asile d'indépendance et de vie personnelle, devra disparaître dans la mesure du possible. Les patries cesseront d'exister. La patrie, en effet, c'est un mot très doux qui est emprunté au foyer paternel et qui désigne une famille agrandie. Les rêveurs qui nous annoncent une société nouvelle ne connaissent plus que l'Etat, un être abstrait et impersonnel, une sorte de Moloch qui nous pressera tous dans ses bras de fer pour nous immoler plus sûrement.

Entre ces deux théories extrêmes, entre le collectivisme implacable et l'individualisme anarchique, la famille court les plus grands dangers. Nous la voyons attaquée sous toutes les formes et de tous les côtés à la fois. A qui veut ouvrir les yeux la famille s'impose pourtant comme le grand rouage de l'organisation sociale. L'observation des phénomènes sociaux nous conduit à définir la famille *une association entre un homme et une femme, qui, obéissant à une loi de la nature, s'unissent pour fonder ensemble l'incomparable atelier où doit s'élever la génération nouvelle.* Pesons chaque mot de cette définition et la famille va nous apparaître dans toute sa grandeur comme aussi dans son impérieuse nécessité.

On se marie pour se procurer à soi-même une vie plus riche, plus belle, plus douce, plus féconde, plus élevée ; on se marie aussi pour fournir à la société des citoyens bien formés capables de maintenir et de promouvoir les institutions sociales. Tel est le double but du mariage ; mais la nature, la raison et la conscience nous montrent que le second but du mariage, celui qui a en vue les enfants à naître et à former, est plus fondamental que le premier.

Que la famille soit pour l'homme et la femme une source de joies pures, délicieuses, profondes, il y faut voir une loi admirable et pleine de sagesse. Elle se répète incessamment le long des âges, cette scène symbolique racontée par la Bible où le premier homme, saluant la première femme dans la splendeur virginale de son premier matin, pousse un long cri d'admiration et d'amour : « Voici cette fois celle qui est os de mes os et chair de ma chair. C'est pourquoi l'homme quittera son père et sa mère et s'attachera à sa femme et ils deviendront une seule chair » (*Gen.*, II, 23-24).

Avant même d'arriver à mi-côte de cette âpre colline que nous avons tous à gravir, le jeune homme et la jeune fille éprouvent le besoin d'aimer : aimer, c'est-à-dire choisir un autre être moins parce qu'il nous enchante que parce que nous sentons aussi qu'il est pour nous le moyen suprême de développement et d'ascension morale. Et parce qu'ils s'aiment, ils se lient l'un à l'autre par un engagement qui, dans sa sincérité et son ardeur, se promet bien d'être éternel et exclut toute pensée de se reprendre. Tout est mis en commun, la vie entière avec ses joies et ses douleurs, la vie avec tout ce qu'elle apportera de meilleur et de pire. On s'est donné, on se donne dans un sacrifice intégral, et cet holocauste, mieux qu'aucun émoi, mieux qu'aucune autre ivresse de la terre, fait sentir aux deux époux tout ce qu'il y a en eux d'éphémère et d'immortel, de fragile et d'infini !

Mais l'homme dans la famille sent aussi qu'il n'est qu'un moyen au service de la vie universelle. Les sexes ne nous sont pas donnés pour une fin personnelle : ce n'est point le plaisir de l'individu qui en est la raison suprême. Si on était tenté de l'affirmer, il faudrait par le fait même approuver, justifier et glorifier toutes les débauches et toutes les infamies. Ce seraient alors les les libertins qui seraient dans le vrai. Sodome et Lesbos auraient trouvé la sagesse. Au contraire, si nous reconnaissons que les sexes n'existent que pour une fin sociale, et, comme disaient les vieux philosophes, pour assurer la conservation de l'espèce, immédiatement la loi morale vient au secours de l'intérêt social. L'homme a reçu la vie, il doit à son tour transmettre

la vie : voyageur d'un jour sur cette terre, il a reçu le
pouvoir d'appeler à l'existence des êtres qui seront
comme lui une image de Dieu, l'Eternel Vivant. Il
sent qu'il n'est qu'un anneau dans cette chaîne mystérieuse qui relie toutes les générations. C'est ce but
grandiose qui fait que l'union conjugale est quelque
chose de noble et de sacré. L'homme comprend pourquoi il doit respecter et en lui et chez autrui les sources mêmes de la vie : n'est-il point dans un sens parfaitement légitime le prêtre de la vie ? Mais alors il s'ensuit
que le bonheur des deux époux n'est plus que secondaire
vis-à-vis de la conservation et de l'éducation des
enfants qui leur sont donnés. L'intérêt de la race
humaine passe avant la satisfaction de l'individu.

* *

Notre tâche n'est point de chanter un hymne lyrique
à la famille. Revenons à l'observation scientifique des
faits et mettons en pleine lumière l'importance de la
famille dans l'organisme social. Nul homme sensé ne
peut contester qu'il faut à tout prix que la société chemine, il faut qu'elle fonctionne, il faut qu'elle prospère. Si égoïstes que nous soyons, si individualistes que
nous nous prétendions, nous sommes une partie, une
infime partie du tout, et nous ne pouvons nier que
l'ordre social doive être assuré d'une marche régulière.

Que faut-il donc à la société ? A chaque heure du
jour, la mort fauche ici-bas des êtres humains, les
uns arrivés au terme normal de leur existence, les
autres en pleine productivité, les autres n'ayant encore
donné que des espérances. D'après des statistiques
assez bien faites, la grande moissonneuse couche
chaque jour dans la tombe 80.000 êtres humains. Sous
peine de voir la terre se dépleupler et les races dépérir,
il faut qu'à chaque seconde aussi la société reçoive un
afflux nouveau d'hommes et de femmes ; non pas
seulement, entendons-le bien, d'hommes et de femmes

tels quels, mais pour que la société chemine et progresse,
il faut que ces hommes et ces femmes soient à la hauteur de la tâche qui va leur incomber.

Il les faut d'abord robustes dans leur corps : c'est
une vérité que nous reconnaissons chaque jour davan-
tage. Un homme robuste est seul vraiment armé pour
la vie. Ceux dont la santé est débile ou altérée par une
tare quelconque ne comptent qu'à demi pour la prospérité de la race. Le corps n'est pas tout, mais n'est-ce
pas le véhicule de la vie, de l'âme et de la pensée ?
Guenille, si l'on veut, ma guenille m'est chère, a dit
Molière. La société a un intérêt primordial à ce que les
générations qui lui arrivent soient saines de corps et
d'esprit. Oui, il faut aussi, pour qu'un homme, pour
qu'une femme jouent un rôle utile, qu'ils aient l'intelligence ouverte et juste : tous ne seront pas des savants,
tous ne seront pas des génies, mais tous auront le juge-
ment droit et auront appris à penser. Et selon le mot si
expressif de Montaigne, tous ne seront pas instruits,
mais tous seront instruisables. Ce qui est peut-être plus
important que l'intelligence, il faut que les recrues nouvelles de la société soient munies d'une volonté très
ferme. Le monde appartient à ceux qui savent vouloir.
L'initiative hardie, le sang-froid imperturbable, la téna-
cité invincible, heureux ceux qui ont su acquérir ces
qualités de premier ordre qui sont autrement précieuses
que le surmenage cérébral dont nous sommes trop
engoués !

Enfin, on ne saurait trop le dire et le répéter, il est
indispensable que ces êtres humains bien vigoureux,
d'un esprit juste et éclairé, d'une volonté fortement
trempée, aient appris à se soumettre à la loi éternelle
de la conscience. Plus un homme est richement doué,
plus la société réclame de lui qu'il sache gouverner ses
passions et accepter la discipline intérieure de la loi
morale. Tout notre être doit tendre vers la vérité et la
justice. Un homme qui emploie ses forces et ses qualités

à satisfaire ses instincts mauvais devient, quel qu'il soit, riche ou pauvre, savant ou ouvrier, magistrat ou simple citoyen, un danger social.

Toutes ces choses sont élémentaires. Nul ne songe à y contredire. Entre civilisés l'unanimité est parfaite, et ceux qui n'acceptent point ces principes se garderaient bien d'en convenir.

Nous sommes donc d'accord pour fixer les qualités diverses de santé physique, de santé intellectuelle et morale que la société est en droit d'exiger des générations nouvelles qui viennent prendre leur place au soleil.

Maintenant, quel est le moyen de procurer à la société cet apport incessant d'êtres vivants qui soient à la hauteur de leur tâche ? Où sera le laboratoire qui nous fournira ces hommes et ces femmes qui continueront après nous la grande mission humaine ?

Si nous laissons de côté les utopistes et les rêveurs, nous constatons comme un fait universel et permanent, que dans toutes les sociétés cet afflux régulier d'éléments sainement constitués ne se produit qu'autant que la famille fonctionne convenablement. La famille, pour emprunter une image de Ruskin, ne doit pas être autre chose qu'une manufacture d'êtres humains de première qualité. Quelle tâche que celle-là ! On aime à dire que l'homme est le roi de la création : c'est possible, mais il n'en est pas moins vrai que le jour où nous avons fait notre entrée en ce monde, nous étions le plus frêle de tous les vivants, celui qui était le plus incapable de se suffire et dont l'existence réclamait le plus de soins. La famille nous a accueilli. Le petit oiseau dont le nid gracieux se balance au souffle des brises de juin n'a pas trouvé un berceau aussi capitonné de tendresse que celui qu'on nous avait préparé. Notre père a compris, ce jour-là, qu'une responsabilité nouvelle pesait sur lui ; notre mère, oubliant ses souffrances, a senti son cœur se fondre d'émotion et d'amour. Tous deux nous ont pressé dans leurs bras comme le sang de leur sang et la chair de leur chair.

Puis a commencé la grande œuvre de notre éducation. Les jours et les nuits, l'amour de nos parents a veillé sur notre absolue faiblesse. C'est un lieu commun chez les philosophes, les moralistes et les poètes, que d'exalter l'amour maternel. Les poètes ont eu raison : tout ce qu'ils ont chanté est au-dessous de la réalité. Sous tous les cieux, chez tous les peuples, à toutes les époques, l'homme a trouvé dans le cœur de sa mère la source inépuisable de la tendresse la plus pure et la plus passionnée, du dévouement le plus fidèle et le plus généreux. Jusque sous leurs cheveux blanchis, l'homme mûr et le vieillard tressaillent encore au souvenir des baisers et des caresses de leur mère. Rappelons-nous, de grâce, tout ce que nous lui devons, et les industries qu'elle employait pour éveiller notre intelligence, et la sollicitude dont elle a entouré nos premiers pas, et l'accueil si chaud qu'elle nous a ménagé lors de nos premières tristesses et de nos premières déceptions, et la jalousie inquiète avec laquelle elle s'est efforcée de nous détourner du mal et de nous affermir dans la droiture et la noblesse de l'âme. Ne sommes-nous pas obligés d'avouer que ce qu'il y a de meilleur en nous, c'est à notre mère, après Dieu, que nous le devons ?

Veiller sur le corps de l'enfant, si important que cela puisse être, n'est encore qu'une faible partie de la tâche. Ce qui suffit à l'animal ne suffit pas à l'homme. Comme le dit admirablement notre langue française, l'homme doit être *élevé*. Rien n'est plus grand ni plus difficile. Deux savants qui représentent des tendances fort différentes, Darwin et Le Play, s'accordent à dire que l'homme vient au monde très insociable, de telle sorte que chaque afflux de nouveaux arrivants représenterait une invasion de barbares qui, si l'on n'y mettait bon ordre, bouleverseraient bientôt le monde tout entier. Ces petits barbares, il faut les civiliser, les adap-

ter à leur milieu social, les préparer à toutes les luttes
qui les attendent, les mettre en état de se tirer d'affaire à leur tour. Il faut se garder de presser trop fort
sur les ressorts si délicats de l'esprit et de la conscience,
et pourtant les enfants doivent apprendre à s'en servir.

Qui conviendra à cette mission aussi bien que la
famille sainement constituée ? L'enfant y est entouré
d'amour ; et parce que ses parents l'aiment, rien ne leur
coûte pour présider à l'épanouissement de son être
moral. Mieux que des étrangers, ils supporteront les
défauts de leur enfant, quelquefois même ils les suppor-
tent trop et le gâtent, ce qui est un excès on ne peut
plus dangereux. Ils ne se lasseront point, la mère surtout, de redresser et de développer dans tous les sens le
petit barbare qui est souvent indocile, capricieux et
violent comme tous les barbares. La vigilance des
parents doit être de celles qui ne s'endorment jamais ;
des voix souillées ou imprudentes peuvent apporter au
plus pur enfant des initiations précoces et perfides.
Œuvre de clairvoyance, de fermeté, de tendresse, où
donc l'éducation s'exerce-t-elle mieux que dans la
famille ? Toutes choses égales d'ailleurs, un père et
une mère auront toutes les susceptibilités et toutes les
perspicacités du véritable amour. La famille est le lieu
normal de l'éducation, l'atmosphère naturelle où cette
tâche a le plus de chance de réussir.

Mais cela ne va pas tout seul. Il faut manger. Les
petits barbares dont nous avons parlé ont bon œil et
bonne dent : ils sont parfois doués d'un appétit formi-
dable qui grandit avec les années. Pour subvenir à
leur entretien des dépenses considérables s'imposent
sans trêve. Songe-t-on bien qu'un garçon et une fille
ne peuvent guère gagner leur vie avant 15 ou 16 ans ?
Avant d'apporter leur labeur personnel il leur faut
longtemps et de mille manières recevoir l'appui d'autrui. Calculez, si vous le pouvez, la somme de travail et
de prévoyance, les insomnies et les privations qui sont

requises pour que des enfants deviennent à leur tour
des citoyens robustes, dont l'âme sera ouverte à tous les
progrès et prête à tous les efforts.

Nous pouvons tous rencontrer de ces familles vail-
lantes qui réalisent l'idéal de tendresse, de sollicitude,
d'honnêteté et de travail dont nous parlons. Le père et
la mère ne sont pas encore des vieillards : ils se sont
mariés jeunes et parce qu'ils s'aimaient. Tous deux ne
vivaient que de leur travail. Les enfants sont venus.
Parfois quand le quatrième, quand le cinquième s'an-
nonçait, le mari était inquiet : l'avenir lui apparaissait
sombre. Allons, disait joyeusement la femme, nous
retrancherons quelque plaisir et je travaillerai davan-
tage, il importe que le dernier soit aussi bien reçu que les
autres. Le père gagne 5 à 6 francs par jour, la mère
fait quelques ouvrages à domicile. Les enfants vont à
l'école, garçons et filles ont fait soigneusement leur
toilette du matin et le bon ordre de leurs vêtements
atteste la vigilance de la ménagère. Les dimanches
d'été, dans l'après midi, toute leur joie est d'aller respirer
l'air des champs. A la fin du mois, la note du boulanger
et celle de l'épicier sont parfois un peu fortes ! Au bout
du trimestre il faut payer le loyer ; mais les âmes sont plus
hautes que tout cela : elles sont simples, bonnes et vail-
lantes. Lui, le père, il travaille du matin au soir, il ne
va pas au café, il économise sou par sou, car il est fier,
il ne demande rien à personne, il veut même que ses fils
soient plus instruits que lui et mieux outillés pour la vie.
Il tient à ce que ses filles soient pures, honnêtes et la-
borieuses comme était leur mère quand il la rencontra
dans la grâce exquise de ses vingt ans. Elle, la mère,
dans sa toilette très simple mais très digne, on la voit
la première et la dernière qui soit debout. Dans cet
intérieur, on s'aime, on vit en paix ; si l'on y dit par
hasard un mot de politique, c'est pour en conclure
qu'on doit aimer son pays. Presque toujours Dieu y
tient sa place qui est, qui doit être la première. C'est

ainsi que la grande œuvre s'accomplit : cette famille
fournit son contingent à la société, jeunes hommes et
jeunes filles qui sont adaptés aux besoins nouveaux et
qui, tout en transmettant les nobles héritages du passé,
y ajouteront les trésors de leur expérience et de leur
propre travail. La famille les a instruits et façonnés : à
leur tour, ils vont en fonder une autre et coopérer dans
de meilleures conditions à l'œuvre universelle de vie et
de progrès.

*
* *

Voilà comment s'élève une nouvelle génération, et
cette œuvre est si vivante, si belle, si profondément
liée à l'ensemble et au centre de la vie sociale, qu'en
même temps qu'elle et à côté d'elle s'accomplissent
beaucoup d'autres œuvres essentielles. La vie, dans son
essence, se répand dans toutes les directions. En vivant
selon ses lois normales, la famille fait vivre, marcher et
prospérer toute la société. Ici nous touchons du doigt
l'harmonie vraiment divine des lois sociales.

Ainsi la société a besoin que l'individu travaille. Le
genre humain est une ruche d'où les frelons et les pa-
rasites doivent être exclus, c'est une fourmilière où
chaque insecte doit fournir une certaine somme d'ouvrage. Ouvriers de l'outil, ouvriers de la pensée,
brasseurs d'affaires, meneurs de foules ou simples
unités anonymes, il importe que tous les hommes, sous
des formes différentes, chacun dans la situation où il
est placé, contribuent à la production universelle pour
avoir le droit de participer à la consommation. N'est-ce
point la famille qui, mieux que tous les règlements ar-
tificiels, assure l'observation de cette loi ? Il n'y a pas
d'aiguillon qui vaille l'intérêt personnel. Quand le tra-
vailleur a besoin de gagner son pain et celui de ses
enfants, quand le commerçant veut faire fortune,
quand le fonctionnaire lui-même doit faire du zèle
pour avancer, ni la peine, ni les efforts ne lui coûtent!

Combien d'hommes et de femmes se laisseraient aller
à une existence nonchalante et endormie : mais voilà,
ils ont des enfants à nourrir, des garçons qu'il faudra
mettre en état de se faire un avenir, des filles pour lesquelles on veut gagner une petite dot. Dès lors, le
père et la mère, sous la pression des circonstances, travaillent du matin au soir, les enfants sont dressés à
fournir une besogne convenable.

La grande fonction du travail individuel et incessant s'accomplit : la société voit se multiplier les pro-
ducteurs actifs qui apportent sur le marché mondial
tout ce qui est nécessaire à la vie. Que dis-je ? C'est
plus que le nécessaire qu'on apporte ! Comme il y a
dans la nature une somme, pour ainsi parler, illimitée
de biens, les plus forts, les mieux doués, les plus ha-
biles arriveront à la richesse : désireux de laisser
quelque chose à leurs enfants, ils édifieront une fortune plus ou moins considérable. Je suppose naturellement que c'est par des moyens honnêtes. Ne nous
laissons point ébranler par les cris de haine, de jalousie et d'étroitesse qui dénoncent les riches et attisent la
rancune des pauvres. La richesse est un élément de
prospérité sociale : souhaitons toutefois qu'elle soit
accessible à tous et que tous les travailleurs puissent
profiter des richesses accumulées au sein d'un peuple.

Carnegie, le célèbre milliardaire américain, dans
son beau livre : *L'Evangile de la richesse,* glorifie le
travail personnel comme on ne l'avait peut-être jamais
fait. La richesse, pour lui, devient une maîtrise de
l'homme sur les forces de la nature et en même temps
un moyen d'éducation pour les foules. Parlant des fortunes qui se chiffrent par millions et millions de dol-
lars, il nous dit que ces fortunes ne doivent pas être
léguées intégralement à quelques enfants, parce qu'ils
y trouveraient la plus effroyable des tentations à mal
employer la vie. Carnegie a raison. Les parents qui ne
se préoccupent que de laisser beaucoup d'argent à

leurs enfants et qui n'essaient point de leur constituer un héritage moral et de développer en eux l'aptitude à l'effort, préparent la déchéance de leurs héritiers. La fortune ne doit pas être un point d'arrivée, mais un point de départ.

Oserait-on nier l'importance du capital et de l'épargne ? Chaque année, de nombreux capitaux disparaissent, soit par usure, soit parce que l'entreprise est mauvaise, soit parce que des inventions imprévues exigent un renouvellement de l'outillage : or, a-t-on réfléchi à l'importance de la famille à l'égard de cette épargne ? Et ceux qui parlent si légèrement de la famille se sont-ils demandé ce qui pourrait décider l'homme à ne pas consommer tout ce qu'il gagne, le jour où il n'aurait plus la pensée — non point, certes, ce qui est funeste, de procurer à ses enfants les moyens pécuniaires de ne plus travailler — mais de leur procurer une meilleure éducation et quelques modestes ressources qui puissent aider à leur établissement ?

Nous pouvons, par conséquent, conclure que c'est par la famille et à cause de la famille que s'agrandit la prospérité matérielle d'un peuple. C'est surtout par des individus appuyés sur le foyer familial que s'accumulent les capitaux nécessaires aux entreprises nouvelles, c'est par eux que s'entassent les richesses dont, par mille canaux divers, un peu plus tôt ou un peu plus tard, toute la société doit profiter.

*
* *

La famille, n'est-elle pas encore l'un des meilleurs moyens de moralisation qu'il y ait ? Nous l'avons déjà constaté plus haut : quand le foyer domestique est vraiment ce qu'il doit être, un asile de travail, de pureté et de respect, l'enfant y respire l'atmosphère la plus saine et la plus vivifiante. Pour le jeune homme et la jeune fille qui doivent s'accoutumer à ne s'ap-

puyer que sur eux-mêmes, rien ne les prépare mieux
au bon usage de leur responsabilité que l'accomplisse-
ment fidèle de leur devoir de famille. L'obéissance et le
respect peuvent les dresser à l'exercice du comman-
dement.

Mais pour les époux eux-mêmes que d'occasions la
famille ne leur offre-t-elle pas de devenir meilleurs !
Joies, peines, devoirs, tout s'unit pour les apaiser, les
contenir, pour les faire progresser dans la noblesse
morale. Plus que les joies, ce sont les souffrances supportées en commun qui unissent le mari et la femme :
l'homme ne vit plus pour lui, il vit pour la femme
qu'il aime, pour les enfants qu'elle lui a donnés. Le
fardeau est parfois très lourd, mais c'est à ce prix
qu'on guérit de l'égoïsme, qu'on monte vers le sacrifice et qu'on vient à bout des passions mauvaises. Aux
soirs où l'homme rentre le cœur meurtri par la lutte,
dépouillé des illusions premières, le regard de sa femme
et le sourire de ses enfants suffiront pour lui donner le
courage de recommencer le lendemain la bataille poi-
gnante et féconde. Et la femme dont l'imagination
inquiète s'envole si aisément dans le pays des chimères,
dont le cœur soupire parfois après je ne sais quoi de
nouveau et d'inconnu, combien la pensée de son engagement nuptial, combien surtout le souvenir de ses
enfants sont puissants pour lui rappeler qu'elle se doit
tout entière à ce foyer dont elle est le charme et la vie !

Devant leurs enfants qu'ils aimeraient voir parfaits,
et pour emprunter le mot d'un grand poète, devant *le
nid d'âmes* qui leur est confié, le père et la mère, s'ils
ont le cœur haut placé, sentent qu'il y a des défauts dont
ils doivent se corriger, des qualités et des vertus qu'il
leur faut acquérir. On n'enseigne bien que ce que l'on
essaie soi-même de pratiquer.

N'est-ce pas sur la famille que l'on compte pour
calmer et guérir le jeune homme qui s'oublie à gaspiller les trésors incomparables que l'on n'a qu'une fois et

qui ne reviennent plus ? N'est-ce pas dans la famille que l'homme mûr et le vieillard acquièrent cette gravité attendrie, cette bonté forte, cette habitude de se dévouer pour autrui, qui sont la gloire de nos têtes dépouillées ? Joies pures et pénétrantes, souffrances secrètes, mais vaillamment supportées, devoirs austères, responsabilités lourdes et bienfaisantes de la famille, asile d'amour où fut notre berceau, où, quand nous serons complètement oubliés, notre nom sera encore prononcé avec respect, source intarissable de grandeur, de vie et d'apaisement, on peut dire que, sous quelque aspect qu'on l'envisage, la famille porte la marque de simplicité et d'harmonie qui est la marque propre du Créateur. Non seulement chez les peuples chrétiens et civilisés où elle atteint sa pleine noblesse, mais même chez les races dégénérées, plongées encore dans la barbarie, même chez les peuples infidèles où l'idéal conjugal est obscurci par la polygamie, c'est encore le foyer domestique qui est le meilleur soutien de la vigueur morale et de tout l'édifice social !

Il est aujourd'hui démontré que les types sociaux de la famille doivent être caractérisés d'après l'éducation donnée aux enfants. On sait aussi que la famille *particulariste* qui apprend aux enfants à ne compter que sur eux-mêmes, à devenir non pas seulement les héritiers et les continuateurs d'un nom, mais de nouveaux fondateurs d'une race sans cesse grandissante, représente le type le plus élevé, le plus utile, le plus progressif qu'il y ait sous le soleil. La Norvège, l'Angleterre, les Etats-Unis nous fournissent de merveilleux exemplaires de cet idéal hardi de la famille. Chez ces peuples plus que partout ailleurs, nous pouvons constater que la famille est par excellence l'asile de l'indépendance et de la dignité de l'individu.

Voyez l'Anglais. Paysan et ouvrier, il veut avoir son *home* où il s'installe tout seul et le plus confortablement possible. Autant que possible chaque ménage habitera une maison à part. Il faut à chaque Anglo-Saxon son petit chez lui, et, je le répète, son *home*, ce quelque chose d'intraduisible dans notre langue et qui désigne bien ce qu'il y a de plus intime et de plus personnel ici-bas. Le plus pauvre d'entre eux vous dira : « Je n'ai qu'une cabane disjointe : le vent peut y entrer, la pluie et la neige aussi dans les longs soirs d'hiver, mais non pas le roi, ou il n'y entrera qu'avec ma permission. »

Ainsi comprise, la famille est plus qu'un refuge contre les injustices sociales et les oppressions imméritées, elle est une école d'affranchissement moral et de libération individuelle. L'homme s'y sent maître de lui-même : il y goûte la joie d'être libre, et il y puise le désir et la force d'arriver à une liberté plus parfaite. C'est donc dans la famille et par la famille que s'épanouit la personnalité humaine, ce qui est bien, n'en doutons point, le plus noble et le plus haut produit de toute civilisation.

Il apparaît ainsi que la famille est le grand agent du progrès social ! Les patries s'élèvent et se perpétuent, les institutions d'ordre général s'améliorent, les cités s'embellissent, les campagnes se cultivent, les entreprises et les travaux de longue haleine sont fondés pour le bien des générations futures. Parallèlement à ce progrès matériel, s'accomplissent aussi un travail intellectuel et un travail moral qui élèvent l'homme au-dessus de la matière et qui tendent à le rendre maître de ses propres passions. Nous venons de le voir : c'est la famille qui est le maître rouage dans cette œuvre de vie et de progrès. L'organisme social est d'autant plus sain et d'autant plus vigoureux que la famille fonctionne plus régulièrement.

**

Et maintenant ce qu'on ne saurait jamais assez admirer, c'est que cette influence bienfaisante qui s'étend et aux individus et aux sociétés, la famille

l'exerce, non point sans effort, sans sacrifice, mais,
du moins, par le naturel mouvement de ce qu'il y a de
meilleur en nous. Elle va chercher nos instincts les
plus puissants, les plus nobles, les plus généreux, et elle
les met en branle pour le bien de l'humanité.

Notre attention doit être d'autant plus retenue sur ce
point qu'aujourd'hui nous entendons des hommes qui
se prétendent des scientifiques, qui se donnent comme
les prophètes de l'avenir, affirmer très haut que dans
les sociétés futures il n'y aura plus de famille. L'Etat
sera obligé d'élever les enfants que les parents auront
eu le plaisir d'appeler à la vie. L'Etat se chargera de
tout : de vastes établissements recevront selon les âges
les enfants des deux sexes, l'éducation sera uniforme,
on débarrassera de tout souci le père et la mère, du reste
le mariage sera remplacé par l'union libre, ce sera une
ère de félicité comme le monde n'en a jamais vu.

Quel rêve abominable ! On grise l'homme en lui pro-
mettant un avenir où il n'aura plus de devoirs à rem-
plir, mais seulement des jouissances à goûter, on le ra-
vale ainsi au-dessous de l'animal ! Mais aussi quel
rêve insensé ! Et surtout quelle violation des principes
les plus élémentaires de toutes les sciences ! Avant
toute chose la science nous enseigne que, si la nature
nous fournit une force à la fois puissante et souple,
c'est d'abord celle-là qu'il faut employer. Nos grandes
cités modernes construisent des usines pour capter les
fleuves qui les traversent ; c'est la nature qui nous envoie
ces flots bleus au courant calme et irrésistible ; de savants et courageux ingénieurs utilisent cette force et la
mettent au service de l'industrie. Supposons que les
municipalités de l'avenir fassent un jour le calcul sui-
vant : « Supprimons ces usines parce que de temps à
autre elles sont sujettes à des accidents, nous les rem-
placerons par des moteurs qui fonctionneront à bras
d'hommes ! » Ne diriez-vous pas que les hommes qui
parleraient ainsi seraient des fous ? N'est-ce pourtant

point ce que disent et ce que veulent les sociologues qui parlent de supprimer la famille, de la réduire au minimum et de tout remettre à l'Etat ?

Comment ! La nature nous fournit des forces morales de premier ordre ! Elle nous fournit les énergies inlassables que recèle un cœur de père, les tendresses passionnées et sublimes d'un cœur de mère, et l'on voudrait remplacer cela par la main brutale de l'Etat et par l'insouciance phénoménale du fonctionnaire anonyme ! A la place du foyer, cet abri si doux, si calme, si pur du foyer domestique, on mettrait les promiscuités banales d'une caserne quelconque ! S'imagine-t-on que l'enfant, cet être si frêle, si délicat, sera mieux traité par les représentants de l'Etat que par celui et celle qui lui ont donné le jour ? Prenons une femme si honnête, si droite qu'on la suppose ; donnons-lui même un sentiment religieux très profond. Croit-on qu'elle aura pour un petit enfant malade et disgracié le même dévouement que la vraie mère, que cette mère qui, dans un chaud baiser, dans une caresse ardente, laisse échapper l'élan tout spontané, tout naturel de son cœur ? De vrai, ne nous attardons point à réfuter de si odieuses et de si ridicules plaisanteries.

Je voudrais n'ajouter qu'un mot. L'Etat a certainement son rôle à jouer dans l'éducation des générations nouvelles. Ainsi l'Etat établit des écoles afin de venir en aide aux parents et de procurer à la génération grandissante les facilités et les bienfaits d'une large instruction. Tous ceux qui s'adonnent à cette œuvre si belle et si difficile de l'enseignement, maîtres et maîtresses, nous attestent qu'en règle générale, et sauf des cas exceptionnels, ils ne réussissent bien auprès enfants que s'ils sont soutenus par les parents : l'action de l'école a besoin d'être encadrée par l'action de la famille. Délétère ou bienfaisante selon la valeur morale et la vigilance des parents, c'est presque toujours la famille qui est souveraine dans l'éducation.

*
* *

A cette action si puissante et si belle de la famille
on oppose une objection : « La famille, nous dit-on, n'est
point une force si parfaite ; le ménage ouvrier dont
vous nous faisiez tout à l'heure le portrait n'est qu'une
idylle imaginée et poétisée pour les besoins de la cause.
Le foyer domestique est si souvent inférieur à sa tâche ! »
Il est très vrai, hélas ! qu'il existe des familles, aussi
bien que des individus, qui manquent à leur mission.
La perfection est rare en ce monde. Mais si nous
prenons la peine d'observer les faits et de ne pas
nous en tenir à de creuses déclamations, nous consta-
terons que les foyers sérieux ne sont point, pour autant,
une pure fiction de rêve. Dans notre société moderne,
au sein des grandes cités où affluent tant de déracinés,
au milieu de nos campagnes qui hélas ! se dépeuplent
trop, nous rencontrons encore une masse de familles
admirables où le père travaille opiniâtrément pour
nourrir les siens, où la mère se dévoue sans réserve et
avec un grand contentement de cœur, où les enfants
grandissent dans une atmosphère de propreté morale et
de propreté physique qui assure le plein développement
de leur être. En ce monde, il y a la chronique du mal
et la chronique du bien. La chronique du mal est plus
tapageuse, elle est dans toutes les bouches, tout sert à
l'alimenter. La chronique du bien est discrète, elle
s'efface, on la diminue volontiers. Il suffit d'un travers
parfois superficiel pour jeter le discrédit sur un individu
et sur une famille et on oublie des trésors de courage et
d'abnégation.

Ils ne sont donc point introuvables, ces foyers où
l'on se respecte et où l'on s'aime, où se forment ces
jeunes gens et ces jeunes filles qui demain dirigeront la
société. En dépit des égoïstes et des « fêtards », des
découragés et des révoltés, ce sont ces foyers-là qui, à
eux seuls, maintiennent l'organisme social et font mar-

cher le monde. Et, si notre société chemine trop souvent cahin caha, c'est parce qu'ils ne sont pas plus nombreux et qu'on travaille de toutes parts à les ébranler.

Nous ne le nions point : le désordre grandit dans l'institution familiale, c'est peut-être la pire misère de notre temps. Ne serait-ce point la raison pour laquelle on l'attaque si vivement de toutes parts ? Remarque-t-on assez que les meilleures causes ne sont jamais plus compromises que par les fautes de ceux qui en sont les naturels défenseurs ? Pourquoi attaque-t-on si vivement l'idée de patrie, sinon parce que çà et là le patriotisme dégénère en un nationalisme farouche qui prêche la haine et le mépris du voisin et aussi parce qu'on épuise les peuples par des armements insensés ? L'Eglise subit de si furieux assauts, assez souvent parce que quelques-uns de ceux qui la représentent ont une vie privée qui jure avec leurs croyances, parce que la religion de beaucoup n'est qu'un paganisme badigeonné de je ne sais quel ritualisme catholique, ou encore parce que des chrétiens sincères tiennent à inféoder leur foi à des idées et des partis politiques dont notre génération ne veut plus.

De même, disons-le très haut, le mariage et la famille sont souvent avilis par ceux qui s'y sont engagés et qui y vivent en dehors des lois providentielles. Le jeune homme s'est préparé au mariage par le désordre et le libertinage ; la jeune fille n'y voit qu'un moyen de mener plus joyeuse vie. Les époux, limitant le plus possible le nombre des enfants, mènent une existence de plaisirs, de distractions incessantes, d'égoïsme et de vanité : leurs âmes ne se rencontrent jamais, ils élèvent leurs enfants — au maximum ils n'en ont voulu que deux — dans le même égoïsme et la même platitude stérile. Ne leur demandons point quelque idéal ou quelque générosité. Ces époux-là ne songent qu'à bien jouir pour eux-mêmes et à assurer la plus grande somme possible de jouissances à leur unique héritier. Alors arrivent « les ratés » et les révoltés, les cyniques et les malheureux, tous ceux qui souffrent de l'état social : nous montrant ces familles aisées et souvent bien pensantes qui s'étiolent dans le plaisir, ils crient tout haut : « Voilà donc le mariage, ce qu'on nous préconise comme une union sainte. Voilà la famille, ce qu'on appelle l'atelier social fécond et austère ; c'est une *balançoire* comme tout le reste, comme la religion, la patrie et la propriété. Nous sommes las du pharisaïsme qui se cache sous ces grands mots ! »

Si nous voulons être sincères, convenons que notre société bourgeoise qui a peur du sacrifice et du travail, qui recule devant les vertus généreuses et difficiles, fournit à ses adversaires leurs meilleures armes. Elle semble en train de s'effondrer. Hélas ! c'est moins sous les coups des rêveurs et des révoltés qu'elle tombera que sous le poids de ses vices et de ses désordres.

Il est donc bien vrai que l'institution familiale est trop souvent viciée et qu'elle fournit des arguments sérieux à ceux qui rêvent le bouleversement universel.

Mais parce que le mal est indéniable, parce qu'il est très grand, le désordre fût-il même plus étendu encore, s'ensuit-il que la famille n'est pas nécessaire ? Les alcooliques hélas ! sont bien nombreux parmi nous : est-ce que leur chiffre si considérable prouve que la sobriété n'est pas l'une des vertus fondamentales de la vie, une de celles qui sauvegardent la vigueur de l'individu et de la race ? Nous luttons contre la tuberculose, mais combien qui sont victimes de ce microbe imperceptible qui désagrège nos organes ! S'ensuit-il que la santé n'est pas un bien ? Le médecin qui lutte pied à pied pour sauver un malade, le savant qui dans son laboratoire cherche le remède tant attendu, sommes-nous fondés, parce qu'ils se heurteront à des cas incurables, à ne pas les regarder comme des bienfaiteurs de notre humanité ?

Il y a des familles gangrenées qui sont des foyers de désorganisation sociale, qui deviennent des pépinières d'êtres vicieux et déséquilibrés, c'est un malheur comme c'est un malheur qu'il y ait des alcooliques et des tuberculeux. Çà et là, la loi est obligée d'intervenir : dans certains pays, la loi règle les cas où il faut proclamer la déchéance paternelle ou maternelle. Douloureuse et terrible nécessité ! Mais quelle aberration que d'en appeler à ces exemples extrêmes, à ces foyers désorganisés pour affirmer que la famille n'est point la pierre angulaire de tout l'état social ! La famille saine et prospère comme l'individu robuste sont la règle, et il dépend de nous dans une très large mesure que cette règle ne souffre presque pas d'exceptions.

* *

J'espère avoir fait comprendre la place que tient la famille dans la marche progressive des sociétés humaines : comme toutes les institutions naturelles, elle exerce son action sans bruit et par le seul jeu des forces qui lui sont inhérentes. Mais, avant d'arriver au divorce, arrêtons-nous à une considération extrêmement grave : c'est que, par un dessein mystérieux, merveilleux aussi, de la Providence, *la famille repose tout entière sur la libre volonté de l'homme et de la femme : elle est confiée au cœur et à la conscience de chacun.*

Expliquons-nous. Il y a des lois pour nous obliger à payer l'impôt, il y en a pour contraindre le jeune homme au service militaire, d'autres pour forcer les parents d'envoyer leurs enfants à l'école. La loi nous défend le vol, l'incendie, et parvient à se faire respecter. Aucune loi ne contraint l'homme à se marier et à s'imposer la charge d'une famille. Montons plus haut encore : cette loi morale de la chasteté qui règle les rapports sexuels est la plus importante des lois sociales, puisque c'est elle qui assure la grandeur et la fécondité d'une race ou qui en précipite la décadence. Néanmoins, elle échappe presque totalement aux législations humaines.

Il n'est pas de fait historique plus certain. Tous les peuples qui sont tombés, toutes les civilisations qui ont disparu nous attestent que l'origine et la cause de leur décadence, c'est la violation de cette loi souveraine qui préside aux sources de la vie. Ou bien la jeunesse était prématurément flétrie, ou bien la famille était disloquée, déshonorée, rendue stérile et instable par toutes sortes de vices et d'abus. En dépit de toutes les railleries et de tous les égoïsmes, les peuples vraiment forts sont les peuples les plus purs, ceux qui, en matière de mœurs, se conforment le mieux à l'ordre de la nature et aux lois de la conscience.

Mais l'ordre de la nature et les lois de la conscience échappent ici à la réglementation des législations humaines. Pour n'en donner qu'un exemple, à certaines époques et dans certains pays on a essayé de favoriser le mariage et d'encourager les familles nombreuses. Toujours et partout, ces lois, si l'on n'y ajoutait point le ressort moral, se sont démontrées inutiles. La loi civile peut tout au plus atteindre certains actes extérieurs qui blessent le respect dû à autrui : elle ne saurait m'obliger à être chaste. Il s'ensuit donc encore une fois que la famille, dans ce qui la fait vraiment vivre, échappe à l'action de la loi civile et qu'elle est complètement livrée à la liberté humaine.

Il faut que librement, spontanément, bénévolement, un homme et une femme acceptent d'accomplir en pleine loyauté cette grande et noble tâche qui absorbera désormais la totalité de leur vie. Ils s'aimeront, ils seront deux en un, et malgré leurs désillusions inévitables, malgré les déceptions qui, comme les feuilles mortes emportées par le vent d'automne, tomberont sur leur chemin, malgré les passions mauvaises qui amolliront leur chair frémissante et obnubileront même leur

raison, malgré les revers et les catastrophes de la vie,
il faudra que cet homme et cette femme s'attachent à
cette œuvre sublime, portent ce joug divin parfois
bien lourd, et creusent leur sillon dans un sol couvert
de ronces et d'épines. Il faut que tous deux prennent
conscience que toutes leurs activités physiologiques,
intellectuelles et morales leur ont été données non
point pour leur seul avantage, non point simplement
pour jouir l'un de l'autre, mais pour réaliser une
œuvre supérieure qui les domine et qui, en les domi-
nant, les élève à une vie surhumaine et fait d'eux les
collaborateurs du Père qui est dans les cieux.

Divorce.

Il ne faudrait point croire que, jusqu'à présent, nous soyons restés bien loin du divorce et que nous nous soyons attardés à une inutile digression. En considérant à loisir l'importance sociale de la famille, le rôle de premier ordre qu'elle joue dans l'évolution humaine, rôle si sublime et si délicat qu'aucune autre institution ne la saurait remplacer, nous sommes au centre même de la question. Pour avoir mal discerné que là est le nœud gordien du problème, plus d'un défenseur de l'indissolubilité du lien conjugal a pu paraître inférieur à sa tâche.

Lorsque vers 1875 M. Naquet entreprit en France sa campagne en faveur du divorce et qu'Alexandre Dumas fils lui apporta le concours de son vigoureux talent, on remarqua, non sans tristesse, que l'attaque contre le vieil ordre des choses fut plus habilement conduite que la défense. Les arguments qu'on accumulait contre le divorce furent souvent plus nombreux qu'efficaces : l'opinion ne sentit pas assez ce langage prenant qui triomphe de tous les sophismes. Il était réservé à M. Fonssegrive, dans son admirable volume : *Mariage et Union libre*, d'établir dans toute sa force et dans son incomparable grandeur la vieille thèse catholique qui est empruntée à l'Evangile : « *Ce que Dieu a uni que l'homme ne le sépare point.* »

Du reste nous sommes sur un terrain où l'opinion incline naturellement du côté du sophisme. Quand on

attaque le divorce, si l'on a pour soi la raison et la
conscience, on a contre soi le sentiment et la passion.
Or, le langage du sentiment et de la passion est intelli-
gible à tout le monde et le charme en est souverain.
La raison et la conscience ne s'imposent qu'à ceux
qui veulent réfléchir et qui sont prêts à accepter tout
ce qu'il y a d'austère et d'impopulaire dans le devoir.

Le divorce, dans son sens complet, c'est donc la dissolution absolue du lien conjugal entre deux époux,
dissolution si totale qu'elle confère dès maintenant, et,
sans attendre le décès de l'autre conjoint, le droit de
convoler à une nouvelle union. Qu'on ne vienne point
nous accuser, parce que nous combattons le droit au
divorce, de nous insurger contre les lois de notre pays
qui admettent et consacrent ce droit. Nos sociétés modernes, Dieu merci, sont fondées sur la liberté et la démocratie. La loi d'aujourd'hui est faite des idées qui
ont triomphé hier. A chacun de nous il incombe de
semer des idées de vérité et de justice pour préparer la
loi de demain.

On fait valoir contre le divorce toute sorte d'arguments que j'appellerai secondaires. Ainsi, on dit que
deux époux qui, dans un moment d'humeur, ont eu la
fâcheuse inspiration d'en appeler au divorce en éprouvent
quelquefois un sincère regret et sentent peu à peu re-
naître dans leur cœur le vieil amour qui les unissait
jadis. La chose arrive, en effet : nous en avons des
exemples sous les yeux. Et il est probable que bien des
cœurs d'hommes et de femmes divorcés connaissent de
ces réminiscences secrètes qui leur sont une cuisante
douleur, mais dont ils ne parleront jamais.

Au théâtre, M. Sardou en a tiré des scènes comiques
et attendrissantes, le tout pour conclure qu'il faut se
garder de mettre entre deux époux un acte irrévo-
cable. Cet argument a bien sa valeur : mais ne devons-
nous pas convenir que cette valeur est restreinte à des
cas particuliers ?

On aime aussi à montrer comment les enfants sont souvent victimes du divorce. Et il est de fait que ce sont eux qui deviennent les grands sacrifiés. Charmants petits êtres, ils n'ont pas demandé à paraître sur la scène de ce monde : ces noms de père et de mère, les plus doux qu'il y ait ici-bas, n'ont presque plus pour eux le même sens que pour les autres enfants. Leur père et leur mère leur apparaissent séparés par un infranchissable fossé ; qui a tort ? qui a raison ? Leur conscience et leur cœur leur interdisent de juger ceux par la faute de qui ils souffrent horriblement. Leur foyer est brisé, ils peuvent avoir des frères et des sœurs dans deux familles ennemies. Ils se disent que, dans le cœur de leur père ou de leur mère, ils n'ont point la première place, et quelquefois ils sentent qu'ils sont de trop. Rien n'est plus digne de compassion que la situation anormale de ces pauvres enfants : souvent il vaudrait mieux pour eux qu'ils fussent orphelins. Quelle éducation est la leur dans cette atmosphère d'inimitié qui est produite par le divorce ? Et pour peu que ce désordre se propage, ne voit-on pas que les cas de divorce deviennent entre les familles d'une même cité une source de divisions, de rancœurs, de haines sourdes et mal comprimées ?

Cette raison est, en effet, très convaincante pour tout esprit sérieux. Des époux qui ont des enfants et qui, après avoir brisé leur union conjugale, en contractent une autre, oublient la loi primordiale de la famille : c'est que le mariage a pour but principal l'avantage des enfants et non le bonheur individuel des parents. Au fond, c'est par égoïsme qu'ils agissent ainsi, ils ont tout d'abord pensé à eux-mêmes, ils ont oublié que les êtres qu'ils ont appelés à la vie ont sur eux un imprescriptible droit.

Toutefois je reprocherai encore à cet argument de ne s'appliquer qu'aux familles qui ont des enfants. Les autres sont laissées en dehors. Et par conséquent la porte reste sinon ouverte, du moins entr'ouverte, et c'est encore trop. Paul Bourget, dans son beau roman du *Divorce,* n'a-t-il pas imaginé un cas émouvant où une femme, en se remariant, a procuré à son fils un deuxième père qui a pris sa tâche au sérieux et qui, mieux que le premier, l'a aidée dans sa mission d'éducatrice ? L'aventure n'est peut-être pas aussi romanesque qu'on le suppose.

**

Nous ne ferons valoir ici contre le divorce qu'une seule raison, une seule, mais elle est tout à fait suffisante pour justifier la loi austère de l'Eglise catholique. La société, avons-nous dit, ne peut fonctionner que si la famille existe. Au risque de paraître prolixes, nous nous sommes longuement étendus sur ce point. Or, *le divorce est la négation* **radicale, essentielle,** *de l'institution du mariage : qui admet l'un nie* **radicalement** *l'autre* (bien que, cela va sans dire, il ne s'en rende pas compte) *et il ne lui reste entre les mains qu'un mot* **vide de sens.** *Le divorce, érigé en droit, démolit irrévocablement toute la famille : c'est une forme légale de l'union libre et même de l'amour libre.* La réalité bien examinée atteste que nous n'exagérons rien.

On nous objectera peut-être qu'il s'agit uniquement d'admettre le divorce comme un remède à certains cas extrêmes ; ce sera, nous assure-t-on, une soupape de sûreté qui rend à la liberté des êtres qui ne peuvent plus vivre ensemble, c'est une loi de progrès qui supprime bien des existences malheureuses et leur permet de se reconstituer dans des conditions meilleures.

Tel est bien l'argument des partisans modérés du divorce. Voyons ce qu'il vaut. Et d'abord est-on bien sûr que le divorce apporte à la société d'incontestables et nombreux bienfaits ? Voici un peu plus de vingt ans que la loi Naquet qui a rétabli le divorce est entrée en vigueur : peut-on dire que la France s'en trouve beaucoup mieux ? Les ménages sont-ils plus unis, plus heureux qu'avant 1884 ? Y a-t-il moins de larmes dans les yeux des femmes ? Moins d'amertume et moins de tempêtes dans le cœur des hommes ? La fidélité conjugale est-elle beaucoup mieux respectée ? Les unions louches, illicites et illégales sont-elles moins fréquentes? La moralité publique a-t-elle progressé ? Est-ce que la félicité générale s'en est accrue ? Et ce que nous disons de la France s'applique à la Suisse, puisque c'est le pays qui détient en Europe le record des divorces ! Nous verrons tout à l'heure la réponse qu'il convient de faire à ces questions : pour le moment je veux simplement, par quelques points d'interrogation, arrêter les effusions lyriques des partisans du divorce.

On prétend n'admettre le divorce que comme un remède dont il sera rarement et discrètement fait usage. Mais c'est précisément ce qui est impossible. La loi ne tolère point ces distinctions, elle exige que le divorce soit inscrit dans le code comme un droit, et, par conséquent, que tout homme et toute femme mariés puissent être amenés à s'en servir. Or, prenons-y garde : nous avons en face de nous toutes les passions des sens et du cœur, qu'on appelle aussi les passions sexuelles : ce sont les plus troublantes et les plus aveugles qui existent, les plus impérieuses et les plus dénuées de scrupules pour arriver à leur fin. De toute nécessité, il les faut dompter si l'on entend que la famille reste une et indissoluble, si le contrat conjugal doit être observé de part et d'autre avec une inviolable fidélité. Le poète anglais l'a dit un jour : *Fragilité, ton nom c'est femme.* Oui, la femme est fragile et c'est ce qui doit nous pénétrer devant elle d'un respect sacré. Mais l'homme est peut-être plus fragile encore, et, en tout cas, il est plus égoïste : il aime tant à penser que les limites de la moralité sont plus faciles à franchir pour lui que pour la femme.

Les surprises des sens, l'inconstance du cœur, la monotonie des devoirs quotidiens, les inévitables froissements de la vie commune, les séductions qu'on frôle à chaque pas, les défections navrantes d'êtres aimés, les doctrines de révolte ou de lâcheté qui se présentent sous des apparences de noblesse et de droiture, peut-on songer à tout cela, et trouver étonnant que tant d'hommes et de femmes, fragiles dans leur chair et dans leur esprit, aient quelque peine à maintenir dans son intégrité sacrée *cette vie de deux en un* qui est à la base du foyer normal et vigoureux ? Vous venez dire à cet homme hanté par mille obsessions perverses que si, sur son chemin, il rencontre une femme qui lui promet plus de bonheur que celle à laquelle il est lié par un infrangible serment, il a le droit d'aller à cette nouvelle compagne et de lui demander de remplacer celle dont il est lassé. Ou bien vous assurez à cette femme jeune encore, au cœur débordant de tendresse, et qui est unie à un époux vulgaire et médiocre, qu'elle aussi, lorsqu'elle croira avoir trouvé l'être de chimère et d'idéal dont elle aime à rêver, aucun scrupule n'est fondé à la retenir, que ni les engagements du passé, ni les enfants qu'elle a mis au monde ne peuvent s'opposer à ce qu'elle goûte sa part de bonheur. Ne voit-on pas que la famille est ébranlée à jamais ? L'idée de monogamie, celle d'adultère, n'a plus de raison d'être, on n'est pas lié pour toujours à un seul être, on peut se reprendre, on conserve la possibilité de se dégager, c'est le cœur si mobile et si inconstant, ce sont les sens plus impressionnables encore, c'est l'intérêt et le plaisir du moment qui deviennent les arbitres souverains du contrat de mariage.

Le droit au divorce suppose, en suprême analyse, qu'un homme et une femme qui se sentent attirés l'un vers l'autre ont le droit absolu de suivre cet attrait, qu'aucune loi divine ou humaine ne peut se mettre entre eux et que leur union, s'ils le jugent bon, demeurera aussi fugitive que possible. Qu'on ne se récrie point devant cette monstrueuse extrémité. Mais qu'on veuille bien passer au creuset de la logique tous les couplets que nous ont chantés les poètes, les romanciers et les dramaturges sur la puissance incoercible de l'amour et sur le droit souverain au bonheur. On verra tout ce qui s'y cache d'égoïsme et de sensualité.

Aujourd'hui, dans la phraséologie qui est de mode, les théoriciens de la morale nouvelle nous assurent que chacun a le droit de vivre sa propre vie et de développer son être dans le sens où il estime trouver la plus grande somme de jouissance. Ceux qui n'admettent le divorce que comme un remède et comme une suprême concession à des cas extraordinaires sont encore imprégnés de la vieille morale, et les jeunes leur crient très haut que leur timidité est dépassée depuis longtemps.

Le droit au divorce réduit donc le mariage aux proportions d'un contrat à terme, la famille n'est plus qu'une union révocable à volonté ; chacun a le droit de la rompre au premier caprice. Et plus les charges qu'elle impose sont lourdes, plus on se croira fondé à les repousser, surtout si le cœur est agité de nouveaux et pressants désirs.

Je sais bien qu'on nous dira que nous exagérons. — Voyez, nous objecte-t-on, la France, voyez même la Suisse qui vivent sous le régime du divorce. La famille y est encore debout. Nombreux sont les hommes et les femmes qui en prennent les devoirs au sérieux. — Oui, certes, nous l'accordons, le divorce n'a point encore produit tous les effets dont nous parlons. Mais pourquoi? Se rend-on bien compte que la loi Naquet date de 1884, qu'en Suisse la loi fédérale qui a élargi les facilités du divorce date de l'année 1875 ? Ces lois n'ont donc guère plus de vingt à trente ans d'existence, ce qui est peu de chose dans la vie d'un peuple. Nous vivons encore des traditions du passé. Un

jour, M. Renan faisait remarquer, avec l'ironie élégante
qu'il affectionnait, qu'on n'avait encore rien inventé
pour remplacer la vieille morale chrétienne. « Nous
avons rejeté les dogmes sur lesquels elle reposait, disait-
il, mais nous en subissons encore la puissante influence,
nous vivons du parfum d'un vase vide : c'est une ombre qui nous reste. Ceux qui viendront après nous
« n'auront plus que l'ombre d'une ombre ». Ce sera
peu de chose assurément, mais en attendant nous nous
faisons illusion sur notre misère et sur les dangers qui
nous menacent.

Depuis 1884 nous n'avons pas encore pu gaspiller
les trésors amassés par de longs siècles d'indissolubilité conjugale. Qu'on nous permette un exemple
quelque peu vulgaire. Supposons un jeune homme
riche qui gaspille sa fortune : il lui reste des parents qui
paieront ses dettes, des oncles et des tantes qui lui lais-
seront un bel héritage, et il se dit qu'il peut jeter son or
aux quatre vents, que d'autres seront là pour réparer
ses folies. C'est notre histoire à propos de la famille.
Sur cent individus mariés, pris au hasard, il y en a
quarante à cinquante qui repoussent le divorce, par principe, au nom de leur foi religieuse : il s'en trouve dix
autres qui, sans condamner le divorce absolument, sont
décidés à n'en user jamais pour leur propre compte et
cela au nom de je ne sais quels souvenirs très respec-
tables ; admettons encore que trente ont plus ou moins
bien réussi, et ne changeront point le bonheur relatif
dont ils jouissent. Il n'en reste que dix à vingt pour
considérer le divorce comme une faculté normale dont
ils seraient disposés à faire usage le cas échéant.
Mais ces dix à vingt individus pour qui le divorce peut
devenir une réalité sont encadrés par une masse beaucoup plus nombreuse qui n'en use pas et n'en veut point
user. N'est-il pas évident que cette majorité énorme
d'hommes et de femmes qui prennent au sérieux leur
éternel serment d'amour et de fidélité constituent un

bloc qui empêche le divorce de produire tous ses effets. C'est sur ceux-là que repose l'ordre social, ce sont ceux-là qui conservent au mariage la stabilité qui lui est indispensable, c'est dans ces familles-là que volontiers les braves gens aiment voir leurs fils et leurs filles fixer leur choix.

Nous vivons donc encore du passé : ce sont les traditions de nos pères qui nous portent et grâce auxquelles nous nous apercevons moins du lent travail de désorganisation morale qui s'opère dans notre monde moderne. Ce travail de mort se continue pourtant : dans les flancs du navire s'est introduit le ver rongeur qui, dans l'ombre et le silence, dévore la vieille charpente. Au dehors, tout paraît encore assez solide ; ceux qui en sondent la poutraison deviennent inquiets.

*
* *

Le divorce est entré dans la société chrétienne par la porte honteuse de la bigamie. C'est la consultation donnée par Luther et Mélanchton au landgrave Philippe de Hesse qui a ouvert la première brèche. Les premiers qui ont réclamé le divorce sont des princes et des rois qui trouvaient trop dure la loi de la chasteté conjugale. Longue et lamentable histoire où la Papauté a souvent fait entendre le vieux cri de la conscience chrétienne : *Non possumus*. Il est vrai que bien des souverains catholiques, comme Louis XIV, n'avaient pas besoin du divorce pour contenter leurs passions.

Ce qui est certain, c'est que, pendant assez longtemps, les peuples protestants qui admirent le divorce l'entourèrent de tant de difficultés qu'il n'était guère accessible qu'aux gens très riches et très puissants. En Angleterre, il fallait une loi du Parlement pour l'autoriser dans chaque cas particulier. La démocratie moderne a changé tout cela : avec son sens logique et droit, elle a conclu que, si le divorce est une bonne chose, les pauvres et les humbles doivent pouvoir y recourir sans plus de peine que les autres. Les hautes classes ont, en effet, donné l'exemple, elles le donnent encore, souvent c'est parmi elles que la pire dépravation se cache sous les dehors de l'élégance et de la frivolité. C'est par la tête que pourrit le poisson, dit un proverbe russe.

A partir du moment où il a pénétré dans les classes populaires, les tendances anarchiques du divorce sont devenues plus manifestes, on s'aperçoit mieux à quel point il détruit l'édifice familial. Rien ne rentre mieux dans la logique des choses : les classes populaires sont plus sincères, elles vont plus brutalement au fait, elles se débarrassent vite de la piperie solennelle des élégances aristocratiques et du pharisaïsme bourgeois. Nous commençons à en juger dans nos grandes villes d'Europe : les divorces s'y multiplient et la hâte avec laquelle les époux séparés convolent à de secondes noces est une preuve que, dans les masses profondes du peuple, se répand une conception nouvelle du mariage. On n'y voit plus qu'une liaison, une amourette passagère. Encore quelques années, et nous serons arrivés au même point que certains Etats de l'Amérique du Nord, l'Illinois, par exemple, où le divorce se prononce presque sans formalité (1). Aussi le président Roosevelt, justement ému du chiffre croissant des divorces et de la décadence générale de la famille, a-t-il entrepris une vigoureuse croisade contre ce qu'il appelle le suicide de la race : rien ne fait plus honneur à sa perspicacité et à son courage.

.
. .

Il suffit, nous dira-t-on, de réformer la législation :

(1) Ainsi prendre le train pour Chicago est une locution qui veut dire : Aller à Chicago pour y faire rompre son mariage.

par une loi mieux faite on parviendra à réformer les abus lamentables qui éclatent de toutes parts et à restreindre le divorce à certains cas extrêmes où il est le seul remède possible. Après tout, ajoutent nos adversaires, il ne faut point rejeter un progrès parce qu'il y a des gens qui en abusent. — Mais voilà justement, je le répète, ce qu'une observation loyale des faits nous montre irréalisable; ceux qui espèrent, par le moyen de la législation civile toute seule, restreindre le nombre des divorces, se font une étrange illusion. Nous n'avons pas, en effet, de signe certain pour distinguer un cas sérieux d'un autre qui ne l'est pas. Lorsque deux époux le veulent bien, lors même qu'un seul le veut, mais le veut obstinément, il n'y a pas de législation qui ne finisse par ouvrir la porte. Un peu plus tôt ou un peu plus tard, tout y passe.

Les tribunaux sont débordés : dans la seule audience du 15 décembre 1898, le tribunal de la Seine a prononcé 294 jugements de divorce, un autre jour 159, une autre fois 242 et ainsi de suite. N'accusons point les juges, la loi est là, il faut bien qu'ils l'appliquent, et d'ailleurs les juges sont des hommes : ils se trompent parfois et on les trompe souvent.

Je crois même qu'avec la disposition actuelle de l'esprit public, aucun Parlement de l'Europe ne pourrait enrayer sérieusement l'accroissement des divorces. On l'a bien vu en Suisse lors de la discussion du nouveau Code civil. Pour gagner les catholiques et empêcher qu'ils ne fissent opposition au nouveau Code fédéral, la majorité radicale des deux Chambres a consenti à rétablir le régime de la simple séparation. Nul n'a osé demander qu'on rendît le divorce plus difficile. Un député de Bâle a même prétendu, au Conseil National, que le chiffre croissant des divorces indique un niveau plus élevé de civilisation.

En France, chacun sait que le Parlement, dans ses préjugés d'anticléricalisme, est disposé à voter toutes les lois même les plus subversives s'il y voit un moyen de faire pièce aux consciences catholiques. La campagne qui se mène actuellement en faveur du divorce par consentement mutuel a toutes les chances de réussir. C'est ce que constatait dernièrement, dans la *Revue bleue,* M. Emile Durkheim qui a voué à cette question l'intérêt le plus minutieux et le plus passionné. Dans des statistiques fort bien conduites, il montre que chez tous les peuples civilisés une proportion directe s'établit entre le chiffre des suicides et celui des divorces. M. Durkheim explique ce rapport constant par des raisons où le mot de religion n'est pas même prononcé. Et faisant allusion à la proposition des frères Margueritte, il conclut avec un accent de mélancolie : « L'opinion voit encore dans toute réglementation un mal auquel il faut parfois se résigner, mais qu'il faut aussi essayer de réduire au minimum. Aussi est-il fort à craindre que ce nouvel assaut livré au mariage n'en vienne à ses fins. » *Revue bleue,* 5 mai 1906.

Or, entre le divorce par consentement mutuel et l'union libre, existe-t-il une différence essentielle ? N'est-ce pas une simple divergence de mots ? Et cette distance même sera bientôt franchie. Ne parle-t-on point d'une loi nouvelle pour faciliter et régulariser l'union libre, « la seule, prétend-on, qui soit incontestablement fondée sur l'amour ? » Mais derrière les partisans de l'union libre nous voyons venir les partisans de l'amour libre : ceux-là obéissent à la logique immanente des idées et des choses. Du moment que le plaisir, et particulièrement le plaisir des sens, constitue le bonheur suprême de l'homme, la famille, l'ordre social, la race humaine, tout sera sacrifié aux insatiables appétits de l'individu.

Ces conséquences abominables ne nous montrent-elles pas qu'en morale il n'est guère facile de faire la part du feu ? On a cru, en admettant le divorce comme l'unique remède à certaines situations désespérées, faire œuvre de sagesse et de progrès. On n'a pas su comprendre qu'en pareille matière, selon le mot si juste et si profond d'Auguste Comte, *la seule possibilité du changement y provoque.* Dès que la perspective du divorce est ouverte, les moindres froissements prennent des proportions très graves, de légers griefs s'enveniment, des paroles fatales sont prononcées. Les mêmes choses eussent paru insignifiantes à des époux qui savaient de science certaine qu'ils ne divorceraient jamais. Combien n'en voit-on pas qui finissent par accepter et par aimer leur devoir, lorsqu'ils sont convaincus que rien ne les en peut dégager ?

En vain les partisans de ce que nous appellerons le divorce mitigé essaieront-ils par des lois de le rendre difficile, en vain demanderont-ils aux juges d'être plus sévères, ce sont là des précautions que le flot des passions déchaînées emportera sûrement. Ceux qui prétendaient que le chiffre des divorces se tasserait et irait en diminuant ont vu toutes leurs prophéties infirmées. Chez tous les peuples de l'ancien et du nouveau monde ce chiffre s'accroît d'année en année : dans les classes riches comme dans les classes ouvrières, les unions se contractent et se dissolvent avec une effrayante facilité. Devant cette progression incessante, toutes les lois humaines demeurent stériles et inappliquées ; ce sont les âmes, les âmes seules qu'il faudrait réformer et voilà précisément ce que ne peut faire aucune loi humaine.

.

Mais alors, nous dira quelqu'un, vous n'admettez donc aucune exception. Quoi ! Pas même si un honnête homme qui a donné généreusement son cœur se trouve lié pour toujours à une de ces femmes qui aiment à jouer avec ce qu'il y a de plus sacré et qui le trahit indignement ! Pas même si une femme jeune, charmante, à l'âme noble et fière, doit subir les avanies et

les outrages d'un misérable qui est victime de la dé-
bauche et de l'alcoolisme ! N'est-ce pas les livrer à des
tortures abominables, où le meilleur des deux sera
opprimé et piétiné ? L'Eglise catholique leur permet de
se séparer et de vivre à part, c'est vrai, mais elle leur
défend de songer à se reconstituer un foyer et à se re-
faire une existence normale : est-ce qu'elle n'encourage
point le vice et l'immoralité ? Cet homme et cette
femme qu'elle condamne pour toujours à une conti-
nence absolue ne sont souvent point appelés au célibat :
ils sont jeunes, ardents, d'autant plus désireux de se
reposer dans un véritable amour qu'ils ont été plus
amèrement déçus : pourquoi leur refuser les joies douces
et mélancoliques d'un printemps d'arrière-saison ?
Devant des êtres si malheureux et si fragiles, qui donc
aurait le courage de maintenir une loi implacable ?
Est-il possible qu'on n'admette aucune exception ?

On ne nous reprochera point d'affaiblir l'objection
terrible que soulève l'indissolubilité du mariage, et
c'est cette effrayante extrémité qui ébranle les masses
et attendrit les législateurs. Pourquoi ne pas convenir
qu'elle renferme une part de vérité ? C'est par le rayon
lumineux qu'elles renferment que les erreurs séduisent
l'homme. Parce que nous ne nous laissons point arrêter par cette objection, nos adversaires auraient tort
de conclure que nous ne la voyons pas aussi bien qu'eux,
que nous demeurons insensibles à la fatalité douloureuse qui désole certaines existences et qui exige des
prodiges de courage et d'immolation.

D'abord, convenons que la principale raison pour
laquelle les ménages mal assortis sont si nombreux,
c'est qu'on se prépare si mal au mariage et qu'on le
conclut dans des conditions si peu sérieuses et si anor-
males.

Tous les jours on nous présente un jeune homme
qui a promené son ardente jeunesse dans toutes les
folies des plaisirs faciles et vulgaires ; il veut main-

tenant s'établir à tout prix : il s'agit de faire une fin
et il tâche en même temps d'arranger une excellente
affaire. Des parents et amis lui font rencontrer une
jeune fille « triée sur le volet », quelquefois un être de
pure frivolité. Les sacs d'écus ont été pesés de part et
d'autre avec le plus grand soin. Après une ou deux
entrevues fort banales, tout est décidé. Ces deux êtres
qui s'ignorent l'un l'autre, dont les cœurs se sont à
peine sondés, devront être unis par le redoutable et
éternel engagement de la vie commune. Que la position matérielle et les charmes extérieurs puissent jouer
un rôle dans le mariage, nul n'y contredit. Mais ce
n'est pas tout. Et la santé ? Et l'harmonie mystérieuse
des caractères, des cœurs, des âmes, ne sont-ce point
là les conditions primordiales que rien ne saurait remplacer ? Parce que jeunes gens et jeunes filles n'ont
envisagé cet état de vie que par le dehors, par l'intérêt,
par le plaisir, par la vanité, ils ont oublié l'ordre pro-
videntiel : quoi d'étonnant qu'il y ait tant de mariages
malheureux où les époux ne se sentent point faits l'un
pour l'autre ! Mais avant d'attaquer la loi sociale dont
les conséquences leur semblent si dures, ces époux
devraient commencer par s'en prendre à eux-mêmes.
Hélas ! dans la famille et ailleurs, il arrive si souvent
que l'homme n'est malheureux que par sa faute.

Cependant cette première réponse est insuffisante.
Dans le mariage on peut se tromper, même si l'on ne s'est
inspiré que de motifs élevés. Que de fois un jeune
homme qui a fait son choix avec beaucoup de sérieux,
tombe sur une femme futile, incapable, déséquilibrée,
voire même indigne ! Le cas est encore plus fréquent
d'une jeune fille très délicate et très pure qui avait rêvé
d'appuyer sa petite âme inquiète sur un être plus fort
qu'elle, et qui ne tarde pas à s'apercevoir que celui dont
elle porte le nom ne mérite ni son amour ni son estime,
ni son respect. Ils n'ont point agi à la légère. La vie
commune leur est devenue pourtant une torture, une

prison, un bagne, et, comme disent les femmes dans leur langage imagé, un véritable enfer.

*
* *

— Et alors que conclure ? Oui, que répondre dans une extrémité pareille ? L'Eglise catholique n'hésite point. Avec une absolue sincérité, que d'autres appelleront une cruelle intransigeance, elle maintient, même alors, la loi de l'indissolubilité et, en la maintenant, elle se conforme à l'exigence suprême de l'ordre social. Toute la société repose sur la famille et la famille repose sur l'union à vie d'un seul homme et d'une seule femme. L'expérience de tous les pays et de tous les siècles démontre que la société humaine, que les tribunaux de la terre, n'ont aucune pierre de touche, aucun moyen pratique de démêler certains cas exceptionnels, dignes de tout notre intérêt, de ceux qui ne le sont pas. Nous le voyons chaque jour sous nos yeux : par la porte du divorce passent pêle-mêle toutes les passions, même les plus inavouables. Le mariage est livré au caprice de chacun.

Que chaque homme descende dans sa conscience, qu'on veuille étudier les faits sans parti pris, et l'on conviendra que nous sommes totalement incapables de faire le triage, j'insiste sur ce point, car c'est le nœud du débat. Si la règle n'est pas absolue, invariable, la même pour les princes et pour les ouvriers, pour les hommes comme pour les femmes, il est certain qu'un jour ou l'autre la règle deviendra un objet de dérision, la loi tombera en désuétude, les barrières seront tournées ou renversées, le grand fleuve des intérêts et des passions emportera toutes les digues. C'est donc dans l'intérêt souverain de la société, pour l'intégrité de la famille, pour la dignité même de l'individu, pour la dignité surtout de la femme et de l'enfant, qui, étant plus faibles, seront tôt ou tard les grandes victimes, que la loi de l'indissolubilité, même dans les cas le plus dignes de sympathie, doit être appliquée dans sa douloureuse, mais inflexible rigueur.

Et si l'on nous objecte que c'est le martyre que nous imposons, nous n'y contredirons point. N'avons-nous pas le droit de le faire au nom du besoin social primordial et permanent ? Le martyre ! Il semble qu'on ait peur de prononcer ce mot sublime, on ne nous parle que de nos droits, on ne fait miroiter devant les foules que des promesses de félicité, il semble que désormais l'humanité doive couler ses jours sur un lit de roses, comme les habitants de la Sybaris antique. Et pourtant, si l'on y regarde de près, l'humanité n'a-t-elle pas eu, tout le long de sa longue et orageuse histoire, des héros obscurs ou renommés qui se sont sacrifiés pour la justice et pour l'honneur ? Tous les peuples ne comptent-ils pas dans leur passé de ces figures rayonnantes, de ces hommes qui ont eu peut-être de grandes faiblesses, mais qui nous apparaissent transfigurés, parce qu'ils ont souffert et qu'ils sont morts pour une noble cause ? Irez-vous dire à ces héros qu'ils ont eu tort d'aimer cet idéal généreux et de lui sacrifier leur repos et quelquefois leur vie ?

Au soir d'une bataille, n'arrive-t-il pas que le chef de l'armée fasse venir auprès de lui l'un de ses subordonnés et lui dise : « Avec votre brigade, mon général, vous allez occuper ce défilé, cette colline, ce pont : l'affaire sera chaude. Il faut que vous et vos hommes vous soyez prêts à vous laisser massacrer jusqu'au dernier ; mais pendant ce temps-là le gros de nos troupes pourra effectuer sa retraite. Le pays compte sur vous tous. » Une armée n'est digne de ce nom, un peuple ne mérite d'être libre que si tous les soldats et tous les officiers sont prêts, en pareil cas, à accepter joyeusement de mourir.

En temps de paix, au sein de nos civilisations qui de plus en plus se détournent de la guerre et de ses horreurs, la grave loi du devoir n'en exige pas moins ses martyrs. Songez à cet humble ouvrier, chargé de famille, qui accepte les enfants que Dieu lui envoie et qui, pendant de longues années, se livre à un travail exténuant et où les risques professionnels sont de tous les instants. Voici une grève : au risque d'être renvoyé par son patron, il donne son nom à un syndicat professionnel ; ou bien, il résiste à des politiciens qui veulent exploiter son vote et il s'expose à être boycotté par ses camarades. Estimez-vous qu'il ne lui faut pas une force d'âme au-dessus des lois communes, pour, dans les deux cas, n'écouter que sa conscience ? Et cette jeune fille, pauvre petite ouvrière, fraîche et jolie, elle prend parfois sur le repos de ses nuits pour trouver de quoi nourrir ses vieux parents. Elle laisse s'étioler dans une morne solitude les belles et courtes années de la jeunesse, alors que des voix tentatrices viennent murmurer à son oreille, que, si elle le voulait bien, on la couvrirait d'or et de bijoux. Combien de commerçants qui végètent plutôt que de vouloir s'enrichir par des moyens déshonnêtes ! Ne voyons-nous point aussi des hommes politiques résister à la pression de l'opinion publique ameutée et faire entendre la voix sereine de la raison et de la justice, sachant parfaitement bien que leur parti va les rejeter et qu'ils s'exposent à briser prématurément une carrière brillante ? Le prêtre lui-même ne rencontre-t-il pas des gens qui veulent lui bâillonner les lèvres ? Que de prétextes on soulève pour lui imposer silence ! Mais, quand la conscience exige qu'il parle, le vrai prêtre, celui qui a le cœur fier et qui ne s'inspire que de l'Evangile, libère son âme et dit très haut la vérité !

Loi mystérieuse, mais indéniable, loi cruelle et trois fois sainte, loi très bienfaisante et très douce, il faut qu'ici-bas, dans tous les rangs de la société, à toutes les heures de l'histoire, il y ait des victimes, des êtres de choix qui s'immolent pour autrui, et qui par conséquent

sont des martyrs. Ceux-là sont, en effet, les vrais
témoins de la conscience humaine. Grâce à eux, nous
sommes heureux et fiers d'être des hommes : notre
pauvre nature nous semble plus estimable quand nous
la contemplons dans de tels représentants. Leurs
efforts répétés font reculer le mal et progresser le bien.
Sans ces dévouements obscurs, sans ces immolations
toujours prêtes, l'humanité serait impuissante à fonctionner. Le jour où le nombre de ces martyrs devient
trop faible, où ils ne constituent plus un ferment assez
puissant pour faire lever toute la pâte, la société
tombe dans une irrémédiable décadence : c'est un arbre
dont la sève se retire, c'est un corps dont l'âme va
s'envoler, tout est près de s'effondrer dans la décom-
position et la pourriture.

*
* *

Nous voici sur les hautes cimes de la vie morale :
comme le voyageur arrivé sur quelque sommet des
Alpes, nous respirons un air pur et fortifiant, nous sa-
luons avec émotion les grandes lignes des horizons
lointains.

Ces exemples d'héroïsme, ces martyrs généreux et
oubliés qui surgissent de toutes les conditions humaines
sont la plus éloquente réponse que nous puissions faire
à ceux qui s'étonnent que l'Eglise catholique impose
la dure loi de l'indissolubilité du lien conjugal. Existe-
t-il une loi plus importante et plus sainte ? La pureté et
l'intégrité du foyer domestique ne voilà-t-il pas un bien
supérieur auquel il vaut la peine que des hommes et
des femmes sacrifient leur propre bonheur, leurs fragiles espoirs et les inconstants désirs de leurs cœurs ?

Toutefois si pure et si haute que soit la cause à laquelle nous demandons à l'homme de s'immoler, est-ce
bien là le dernier mot de la question ? Au nom de qui

et au nom de quoi la société réclamera-t-elle un si précieux holocauste ? Sur quel roc s'appuiera-t-elle pour imposer un renoncement si complet, un martyre si cruel qui peut se prolonger des années entières et ne laisser ici-bas aucune place à l'espoir ? A-t-elle des titres assez solides et assez sacrés pour exiger ce martyre ?

Qu'est-ce donc que cette société humaine qui vient nous demander le sacrifice de nos aspirations les plus puissantes et de nos joies les plus chères ? Si je la contemple un instant, elle m'apparaît composée d'hommes qui ont la même origine, les mêmes faiblesses, les mêmes inconstances que moi, qui, comme moi, se trompent tous les jours et tous les jours versent du côté du mal. La société, mais ne renferme-t-elle point un nombre immense d'égoïstes, d'ambitieux, de « viveurs », de luxurieux, d'êtres cupides et jaloux tournant à tout vent qui souffle et ne cherchant que leur propre intérêt ? Pourquoi serais-je obligé d'immoler mes sens, mes instincts, mon cœur, mon besoin d'amour et de vie, à ces hommes, mes semblables, qui, eux, suivent à l'aise toutes leurs passions ? A cette immense mécanique sociale qui, comme un gigantesque rouleau compresseur, écrase et broie tant de nobles existences ? Est-ce que la société réalise pour moi et pour les autres cet idéal de justice auquel nous aspirons tous ? Est-elle par conséquent fondée à exiger d'un homme et d'une femme qu'ils gardent coûte que coûte le serment d'inviolable fidélité qui les a unis un jour ?

Cette fois, nous sommes bien au cœur du débat. Nous voilà au point où tôt ou tard, et quelque chemin que l'on prenne, il en faut venir. Dans cette étude sociale sur la famille et le divorce, l'observation méthodique des faits nous a seule guidés. De là vient que le nom de Dieu a été à peine prononcé. N'est-ce point pourtant le nom qui remplit à lui seul l'âme du croyant

et nous donne la raison suprême de tout ? Dieu, Dieu,
vous êtes mon Dieu ! Vous êtes notre Dieu ! N'est-ce
point Lui que nous retrouvons et reconnaissons au
carrefour de tous les chemins de la pensée ? Notre intelligence ne peut se livrer à aucune recherche profonde,
notre cœur ne peut nourrir aucun grand amour, notre
conscience ne peut se résoudre à aucun effort viril sans
que se dresse devant nous Celui qui est la Cause des
causes, l'Etre des êtres, le souverain Bien. Leverrier
disait un jour qu'en contemplant le firmament étoilé,
au bout de son télescope, il avait rencontré Dieu. Et
moi, ajoutait Pasteur, en étudiant les infiniment petits,
au bout de mon microscope, j'ai rencontré Dieu.

Nous aussi, en analysant cet organisme social qui
s'appelle la famille, en admirant la beauté des lois qui
y président, en cherchant le pourquoi des devoirs
qu'elle impose et des sacrifices qu'elle exige, nous nous
trouvons face à face avec Dieu et notre plus douce joie,
comme notre plus impérieuse obligation, sera de le
saluer et de l'adorer. C'est Lui, cet Etre magnifique et
souverain dont la sagesse et la bonté peuvent seules
fonder l'indissolubilité du mariage comme seules elle
peuvent fonder tout acte qui exige de notre part un
sacrifice complet à la collectivité humaine. A l'exemple
de Kant, l'impératif catégorique nous oblige de remon-
ter jusqu'à Dieu.

On comprend maintenant pourquoi nous avons le
droit de nous approcher de cet homme honnête et
malheureux qu'on nous désignait tout à l'heure, et de
lui dire : « Mon ami, mon frère, vous avez été abomi-
nablement trompé. La compagne que vous avez choisie
a empoisonné votre existence, elle a joué avec votre
amour, elle a déshonoré le nom que vous lui aviez
donné. Vous ne pouvez plus vivre sous le même toit
qu'elle. Soit ! mais souvenez-vous que vous aviez voulu
fonder une famille avec elle et que vous lui avez juré
fidélité. Ses fautes ne vous autorisent point vous-même

à déserter votre devoir. Vous continuerez votre route bien seul, le cœur meurtri ; mais Dieu vous voit. Dieu vous aidera à vaincre les passions qui sollicitent votre maturité ardente et vigoureuse ! Quand on le veut bien, la grande loi de la chasteté n'a rien d'impossible, surtout pour un croyant. Mon ami, au nom de Dieu, soyez un martyr de la grande loi qui consacre l'indissolubilité du mariage chrétien. »

Et nous dirons la même chose à la jeune femme qui sera condamnée à marcher seule et que notre société toujours injuste entourera d'une vague suspicion, alors qu'elle n'est qu'une victime innocente des fautes d'autrui. « Ame vaillante, continuez votre route dans le silence et le dévouement. Si vous avez des enfants, vous n'êtes pas vraiment malheureuse. — Un cœur de mère renferme d'intarissables et délicieuses sources de joie. N'y a-t-il pas des souffrances qui épanouissent le meilleur de nous-mêmes ? — Et, si vous êtes seule, si vous n'avez aucun être à qui donner le trop plein de tendresse et de dévouement qui vous oppresse, eh bien ! par amour pour Dieu, vous vous occuperez de ceux qui, comme vous, n'ont personne pour les aimer, vous irez aux malades, aux pauvres, à ceux qui sont en péril. A la place de l'amour passionné, vous mettrez dans votre âme la charité. Vous y mettrez autre chose encore, le travail, l'art même, si la contemplation du beau peut adoucir votre tristesse. Aucune force n'est superflue dès qu'il s'agit d'ennoblir la vie. Mais, si vous avez la foi, vous vous attacherez à Dieu, votre jeunesse refleurira et votre destinée sera de celles qui, quoique brisées, et peut-être parce que brisées, sont belles et fécondes. Le besoin d'aimer qui vous dévore s'ouvre, comme votre âme elle-même, sur les horizons infinis de l'immortalité. »

Voilà comment et pourquoi nous pouvons demander à des époux séparés par de graves dissentiments d'essayer de supporter leurs défauts, de se faire de mutuelles

concessions et d'immoler à une loi supérieure leurs
goûts, leur indépendance et leur bonheur terrestre.
S'il faut absolument qu'ils se séparent, Dieu exige
qu'ils ne brisent point le serment d'amour et de fidélité
qui les a unis devant Lui. Sa Providence fera le reste.
C'est Dieu qui fortifiera et consolera les époux séparés
et c'est sa grâce toute-puissante qui leur permettra
de demeurer chastes dans une situation aussi anormale
que la leur. Nous accordons sans peine que, si l'on
exclut Dieu, si l'on bannit l'Evangile, le divorce se
justifie et beaucoup d'autres choses aussi. Si Dieu n'est
plus la pierre angulaire de l'ordre social, tout est
ébranlé et tout se désagrège. Un jour ou l'autre, les
événements se chargeront de démontrer que sans Dieu,
ni la famille, ni la patrie, ni aucune société humaine
ne peuvent longtemps subsister. L'homme ne saurait
croire et agir comme s'il était entièrement indépen-
dant d'une puissance suprême qui domine toutes choses.

Les catholiques s'étonneront peut-être que, dans ces
pages, une place n'ait pas été faite aux motifs religieux,
empruntés à l'Evangile, au nom desquels l'Eglise
repousse le divorce. Comme nous l'avons dit au début,
les arguments d'ordre religieux ont déjà été exposés
de mille manières et avec tant de talent qu'il était inutile d'y revenir. Peut-être, les apologistes catholiques
avaient-ils moins mis en lumière le grand argument
social sur lequel nous avons cru devoir appuyer.

Nous voulons espérer que ceux qui prendront la
peine d'y réfléchir, tireront d'eux-mêmes la conclusion
que la loi de l'Eglise catholique, qui, à première vue,
paraît si rigoureuse, si implacable, se justifie en fait
par de fort bonnes raisons. Ne peut-on point dire que,
par cette règle absolue, l'Eglise conserve quelques-uns
des lambeaux d'autorité et de respect grâce auxquels
notre vieille société peut encore faire bonne figure ?
Dans aucun domaine, l'Eglise ne rappelle aussi bien à
l'homme qu'il ne lui est pas permis de vivre pour lui

seul, mais qu'il est tenu à des devoirs envers la collectivité sociale. Certes rien n'est plus sage et plus beau
que de cultiver la personnalité humaine : qu'on prenne
garde toutefois qu'en rejetant les doctrines transcen-
dantales du spiritualisme chrétien et, comme disait
Auguste Comte, en supprimant l'irrésistible suprématie
d'une puissance religieuse, on n'aboutisse à une pulvéri-
sation et à un émiettement général de la société.

L'individualisme pourrait dégénérer en anarchie.
Là est le suprême danger du protestantisme. Ce qui se
passe présentement aux Etats-Unis et dans les cantons
réformés de la Suisse nous montre comment le divorce
et la dislocation de la famille ont trouvé dans le libre
examen un terrain bien préparé. Toutes les élucubra-
tions du cerveau, toutes les fantaisies du cœur, on
essaie de les représenter comme des vérités surna-
turelles et des obligations de la conscience. Que de fois
lorsqu'elle résiste aux poussées tumultueuses de l'opinion égarée, l'Eglise catholique ne fait que sauver les
droits du bon sens ! Aujourd'hui, on ne lui en sait
aucun gré : on lui reproche de maintenir une loi
surannée et de faire ainsi peser sur bien des existences
malheureuses un intolérable joug. Plus tard, quand
notre société aura longtemps et tout à son aise goûté
les fruits amers du divorce, viendra le jour de la justice.
Nous attendons sans crainte les revanches glorieuses
que nous réserve l'avenir.

NOTE

Ce modeste travail avait fait l'objet de deux conférences qui ont été prononcées à Genève, au Victoria-Hall, le 13 février et le 3 mars 1907. Dans le compte rendu de la conférence sur le divorce, un grave journal, qui est souvent mieux inspiré, prétendit que l'Eglise catholique, en insérant des cas de nullité dans sa législation sur le mariage, admet le divorce sous une autre forme. C'est une objection qui est assez répandue et qui repose sur un examen incomplet de la question.

Les cas de nullité sont de leur nature antérieurs à la célébration du mariage ou vicient le contrat lui-même au moment de cette célébration : tels sont, par exemple, les empêchements de consanguinité et d'affinité, tel aussi l'empêchement provenant de la violence qui serait exercée sur l'un des deux époux ou encore l'empêchement de clandestinité qui exige, partout où le concile de Trente a été promulgué, que le mariage soit célébré devant le curé de l'un des deux époux (ou tout autre prêtre délégué par lui) et deux témoins. Il suffit de consulter un livre de droit canonique pour connaître les cas très précis où un mariage est entaché de nullité. Le mariage étant un contrat exige pour être valable certaines conditions : c'est la loi de tous les contrats. Si ces circonstances exigées ne sont pas réunies, le contrat est nul de plein droit. Mais abroger et dénoncer un contrat valablement conclu, parce qu'on juge qu'il est devenu trop pénible, est une chose fort différente.

Au reste, la législation civile prévoit, elle aussi, certaines circonstances qui vicient radicalement le contrat matrimonial.

Il n'en va pas de même du divorce. La loi civile l'admet pour des circonstances qui ne se sont réalisées que *postérieurement* à la célébration du mariage. L'indignité de l'un des deux époux, les sévices graves, l'adultère, tout cela n'a aucun équivalent dans la .législation canonique. Confondre ces deux ordres de faits, c'est manifester une singulière légèreté et ne pas aller au fond du débat.

Que dans les annulations prononcées par l'autorité ecclésiastique compétente, on en relève qui étaient basées sur des assertions fausses, cela est fort probable. Etant donné l'infirmité humaine, c'est une extrémité qu'il n'est au pouvoir de personne d'empêcher. On aura produit des documents dénaturés, de faux témoignages achetés à prix d'or : la faute en retombe non point sur les juges ecclésiastiques qui auront prononcé en toute conscience et selon la loi en vigueur, mais sur ceux qui seront parvenus à les tromper. Le principe de l'indissolubilité du mariage demeure intact.

Une autre objection que répètent certains journaux et auquel recourent parfois des hommes sérieux, c'est que, moyennant quelque somme d'argent, on est toujours sûr d'obtenir de la Cour de Rome l'annulation d'un mariage. A ceux qui tiennent pareil langage, je me contenterai de conseiller qu'ils en fassent l'essai, puisqu'ils sont si sûrs de leur fait : ils pourront s'assurer que les tribunaux ecclésiastiques, dans l'examen des témoignages qui leur sont soumis, procèdent avec une minutie et une sévérité qu'on ne retrouve nulle part. Il existe des âmes qui sont toujours prêtes à suspecter l'intégrité et la probité d'autrui. Accuser est facile : c'est de faire la preuve qu'il s'agit.

Je puis certifier par mon expérience personnelle que des mariages ont été annulés en Cour de Rome pour une somme dérisoire et qu'on a simplement payé les frais de chancellerie. Il va sans dire qu'il s'agissait de cas prévus par la législation canonique. Devant les tribunaux civils, les mêmes époux ont dû acquitter des frais dix à vingt fois plus considérables. Mais voilà, quand il s'agit de choses d'Eglise, il y a tant de gens qui s'en tiennent à des jugements tout faits : *Hypocrite, tu vois le fétu de paille qui est dans l'œil de ton voisin et tu ne vois point la poutre qui est dans le tien.*

TABLE DES MATIÈRES

1440-07 — Imp. des Orph.-Appr., F. Blétit, 40, rue La Fontaine, Paris.

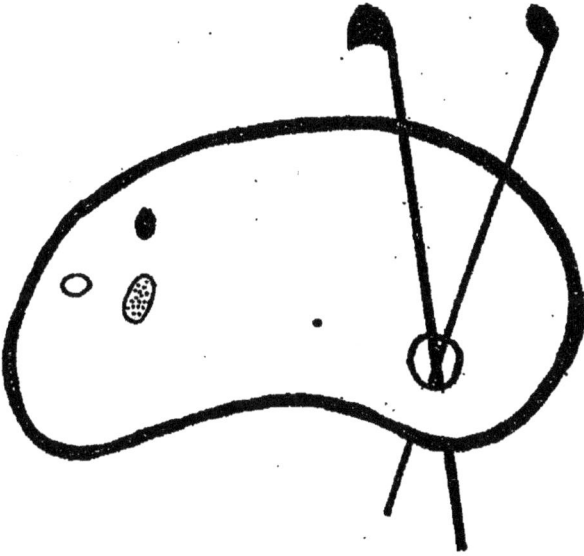

ORIGINAL EN COULEUR
NF Z 43-120-8

www.ingramcontent.com/pod-product-compliance
Lightning Source LLC
Chambersburg PA
CBHW070941280326
41934CB00009B/1964